CHRISTIAN DE CHERGÉ

« *Spiritualités vivantes* »

CHRISTINE RAY

CHRISTIAN DE CHERGÉ

Une biographie spirituelle du prieur de Tibhirine

Albin Michel

Albin Michel
■ *Spiritualités* ■

Collection « Spiritualités vivantes »
dirigée par Jean Mouttapa et Marc de Smedt

Première édition :
Bayard Éditions, 1998

Nouvelle édition au format de poche :
© Éditions Albin Michel, 2010

« Tu étais loin, j'ai ajusté mon fusil, j'allais tirer.
Tu t'es approché,
Tu étais là, tu m'as tendu la main.
J'ai su que tu étais mon frère. »

Proverbe saharien

À Fatiha, Dabiah, Djamel

AVANT-PROPOS
À LA RÉÉDITION DE 2010

Quatorze ans ont passé depuis la mort des sept moines cisterciens de Tibhirine, enlevés puis assassinés dans le contexte des années de sang (1993-2000) qui ont fait près de 200 000 morts en Algérie. L'exécution des religieux le 21 mai 1996 à l'issue de deux mois de séquestration est revendiquée par le GIA, le Groupe islamique armé qui sévit alors pour tenter d'imposer un État islamique en Algérie ; des révélations successives viennent semer le doute sur cette version des choses. Qui a enlevé les moines, que s'est-il joué pendant leur détention entre le GIA et les gouvernements français et algérien ? Seules les têtes des moines ont été retrouvées, accréditant l'hypothèse d'un camouflage d'une mort par balles, peut-être au cours d'une attaque menée par l'armée algérienne. La levée progressive du secret défense et de nouveaux témoignages viendront tôt ou tard faire la lumière sur cette affaire encore obscure[1].

---

1. Une plainte contre X a été déposée le 9 décembre 2003 devant le tribunal de grande instance de Paris au nom de dom Armand Veilleux, abbé de Scourmont, et des membres de la famille de Christophe Lebreton ; elle est en cours d'instruction.

Une chose est certaine : les moines ont été victimes, comme nombre de leurs frères algériens, de la violence meurtrière qui a opposé en Algérie les tenants d'un pays totalement islamique, interdit aux étrangers, clos sur lui-même, appliquant la charia, et l'armée algérienne qui s'y oppose sur un mode non moins violent.

Placés sur cette ligne de fracture, les moines ne prennent pas parti, ils choisissent de rester aux côtés de la population soumise à cette double violence ; le médecin frère Luc (à Tibhirine depuis 1947 !) soigne les blessés qui se présentent au dispensaire, sans distinction, comme lors de la guerre qui a conduit l'Algérie à l'indépendance. Le prieur, Christian de Chergé, pour ne pas entrer dans la logique de haine qui ensanglante le pays, va jusqu'à nommer les combattants des deux camps « frères de la montagne » et « frères de la plaine ». Chaque acte de barbarie commis dans le pays soulève d'autant plus douloureusement son indignation, sa révolte. Mais il a choisi d'entrer dans la seule logique de paix, celle de la fraternité, quoi qu'il en coûte.

Dans son testament spirituel, écrit alors qu'il se savait menacé, dans lequel il évoque la possibilité de sa mort, Christian de Chergé répond du soupçon de naïveté : « Ma mort, évidemment, donnera raison à ceux qui m'ont rapidement traité de naïf, ou d'idéaliste : "Qu'il dise maintenant ce qu'il en pense !" Mais ceux-là doivent savoir que sera enfin libérée ma plus lancinante curiosité. Voici que je pourrai, s'il plaît à Dieu, plonger mon regard dans celui du Père pour contempler avec Lui ses enfants de l'islam tels qu'Il les voit, tout illuminés de la gloire du Christ, fruits de sa Passion, investis par le don de l'Esprit dont la joie secrète sera toujours d'établir la communion et de rétablir la ressemblance, en jouant avec les différences. » La vocation du prieur de

Tibhirine est énoncée ici en des mots de feu. Elle n'a pas fini d'étonner et de déranger en ces temps de violences religieuses.

« Je ne crois que les histoires dont les témoins se feraient égorger », disait Pascal. Il y a chez Christian de Chergé une dimension prophétique, pour le christianisme comme pour l'islam, et au-delà, pour les hommes attachés à la paix.

Lors de l'enlèvement, huit moines vivaient à Tibhirine. Mais la veille, frère Bruno, supérieur de la petite communauté fondée par Tibhirine à Midelt près de Fès, est arrivé du Maroc, pour participer à l'élection du prieur qui doit avoir lieu le dimanche suivant. Le 26 mars 1996, neuf moines sont présents au monastère, ainsi qu'une dizaine de participants à une rencontre islamo-chrétienne qui se tient justement à Tibhirine, à l'invitation du prieur, « le Ribât-es-salâm », ou « lien de la Paix ». Mais les ravisseurs sont pressés, ils embarquent dans la nuit sept moines, dont frère Bruno de Fès. Restent donc deux membres de la communauté, frère Jean-Pierre, qui poursuivra la vocation de Notre-Dame-de l'Atlas à Midelt, et frère Amédée, qui décédera en 2008. Ces deux frères survivants ont maintes fois témoigné de l'inoubliable communion vécue entre les moines lors de ces trois années où ils se sentaient quotidiennement menacés, aux côtés de leurs voisins algériens.

Les têtes des moines reposent dans le petit cimetière de Tibhirine, veillées par les voisins. Malgré le désir des cisterciens appuyés par l'Église d'Algérie de reconstituer à Tibhirine une modeste communauté de moines qui prolongerait le vœu de vivre en « priants au milieu d'autres priants », il a fallu se rendre à l'évidence : le moment n'est pas encore venu pour un tel retour. Un prêtre de la Mission de France monte quatre jours par semaine à Tibhirine, où le monastère

et la coopérative agricole sont entretenus par les voisins
algériens.

Étonnant parcours que celui du prieur, Christian de
Chergé, qui s'immerge par choix dans un pays à majorité
musulmane au moment où les catholiques restés en Algérie
après l'indépendance ou venus participer à son développement sont priés de se faire discrets. À l'appel du cardinal
Duval, une poignée de religieuses et religieux, de coopérants
enseignants, médecins ou infirmiers vivent de solides liens
d'amitié avec la population. L'archevêque d'Alger[1] depuis
1954 est une figure spirituelle de l'Algérie : sa fermeté en
faveur de la justice lui a valu l'hostilité des tenants de l'Algérie française et l'estime du peuple algérien. Celui-ci lui a
accordé la nationalité algérienne et vénère un croyant qui a
donné dans des temps troublés un témoignage évangélique.
Ce grand chrétien, père du Concile Vatican II, a compris
depuis longtemps que « l'Esprit saint n'est pas prisonnier
des frontières de l'Église » et que « le cœur du dialogue, c'est
l'amitié ». Il sait préserver les catholiques de la tentation du
prosélytisme et défend dans l'Algérie à laquelle il consacre
sa vie la liberté de conscience. À plusieurs reprises, il intervient pour que Tibhirine, menacé de fermeture, se main-
tienne, « poumon spirituel de l'Église[2] ». Peu à peu, le

---

1. *Le cardinal Duval, un homme d'espérance en Algérie*, Marie-Christine
Ray, Le Cerf.
2. Le cardinal Duval meurt le jour où il apprend la mort des moines.
D'extraordinaires obsèques nationales réuniront à Notre-Dame d'Afrique le
vieil archevêque et les sept moines qui avaient fait vœu de simplicité dans la
montagne algérienne.

catholicisme algérien devient plus cosmopolite, composé d'étudiants africains et de travailleurs de tous pays. Le monastère est isolé dans la montagne, la présence même est précaire, limitée au nombre maximum de treize frères, nombre que le prieur a négocié avec les autorités (douze pour la prière, plus l'« imam »). Bien qu'ayant fait vœu de « stabilité » dans ce prieuré, la plupart des moines sont des « immigrés », qui doivent demander le renouvellement de leur carte de séjour.

Pour Christian de Chergé, cette précarité ajoute au détachement monastique, et il se réjouit de devoir l'hospitalité à un pays qui a souffert de la tutelle de la France, mais dont il a reconnu très jeune l'enracinement spirituel dans un islam qui lui parle du Dieu unique. Il se veut hôte du peuple algérien, à l'écoute de sa tradition spirituelle. Au long des années, il développe avec les moyens les plus modestes de la condition de moine une théologie de la rencontre très audacieuse, aux accents teilhardiens : « Je crois que l'Église est encore une enfant. Le Christ auquel elle croit est démesurément plus grand qu'elle ne l'imagine[1]. »

Christian de Chergé se situe dans la lignée des grands témoins chrétiens, Charles de Foucauld, Louis Massignon, dont la foi a été « convertie » par la rencontre de l'islam. Chrétien de naissance (« ma mère, ma première Église »), Christian de Chergé découvre très tôt en Algérie, où son père officier a dû installer sa famille entre 1942 et 1945, que les prières des musulmans s'adressent au Dieu unique. Mais c'est lors de la guerre d'Algérie, alors que Christian, séminariste, accomplit son service militaire comme officier dans la région de Tiaret, que se confirme sa décision de situer sa

---

1. *L'échelle mystique*, Islamochristiana, Rome, 1996.

prière chrétienne dans la rencontre avec l'islam. Un garde-champêtre musulman, Mohamed, père de dix enfants, avec qui le jeune Français, bouleversé par une guerre qu'il sent injuste (« l'un est mon frère, l'autre un ami, et la loi veut qu'on s'entretue », écrit-il dans ses carnets), a développé un dialogue de croyants, s'interpose pour éviter la mort de son ami officier. Le lendemain, Mohamed est retrouvé assassiné. Christian garde longtemps secret cet événement fondateur, jusqu'au jour de sa profession monastique à Tibhirine, en 1976. « Dans le sang de cet ami, assassiné pour n'avoir pas voulu pactiser avec la haine, j'ai su que mon appel à suivre le Christ devait se trouver à se vivre, tôt ou tard, dans le pays même où m'avait été donné le gage de l'amour le plus grand[1]. »

Dans la spiritualité et la théologie chrétiennes de Christian de Chergé, la communion des saints tient une place centrale. Elle inclut les croyants de l'islam. « Je connais au moins un frère très aimé, musulman convaincu, qui a donné sa vie par amour pour autrui, concrètement, dans le sang versé... Depuis lors, je sais pouvoir fixer, au terme de mon espérance dans la communion de tous les élus avec le Christ, cet ami qui a vécu, jusque dans la mort, le commandement unique... Il me dit tous les autres[2]. »

Comme Louis Massignon, Christian dès lors se sent appelé à vivre un exode vers « l'axe de la naissance de l'autre ». Mais le jeune moine vit une autre époque de l'Église, se nourrit des avancées du Concile Vatican II qui donne dans la Constitution *Nostra aetate* toute leur place aux autres religions et « regarde avec estime les musulmans ».

---

1. Témoignage de Toussaint, 1985.
2. *L'invincible espérance*, p. 186.

Dès lors, la prière chrétienne du moine ne cesse d'inclure les croyants de l'islam, et s'élabore à Tibhirine, dans la simplicité d'un voisinage modeste, une théologie que le prieur ancre dans le partage de l'amitié, dans des échanges spirituels à la fois simples et d'une profondeur qui resteront des grands moments de la spiritualité.

Les textes du prieur qui parlent de ces rencontres ouvrent des voies inexplorées pour un approfondissement de la spiritualité chrétienne à l'écoute de la parole musulmane. Ainsi de son échange avec un ami soufi au sujet de la croix. Christian de Chergé va très loin dans son espérance, inscrite dès 1976 dans son extraordinaire profession, qui inclut une *lectio divina* du Coran. Cette vocation particulière ne pouvait être comprise alors par sa communauté de moines, pour la plupart moins intellectuels, mais elle a irrigué ses homélies et la vie de tous les jours au monastère, au point de conduire la communauté unie vers un sacrifice librement choisi par chacun.

Depuis la mort des moines, le 21 mai 1996, le monde a vécu de profondes secousses, qui culminent le 11 septembre 2001. Du coup, la question du « choc des civilisations » est posée à l'ensemble du monde. Les religions sont montrées du doigt comme source de violence extrême. Les « islamistes radicaux » n'ont pas le monopole de la haine. La tentation du repli sur des identités closes est perceptible même en Europe, pourtant marquée par la honte de la Shoah et porteuse de la Déclaration universelle des droits de l'homme.

Nul ne peut cependant ignorer que les sociétés sont désormais plurielles, multiples, culturellement et religieusement.

C'est pourquoi, jamais autant de groupes, de chrétiens, de musulmans, de juifs, de laïcs n'ont cherché à partager l'aspiration à vivre ensemble, à considérer l'autre comme un égal, porteur d'une vérité singulière, « de visage à visage ». La vie et les écrits de Christian de Chergé resteront un phare pour ceux qui cherchent la communion ou la fraternité, sans nier les différences. Dans le monde chrétien, les avancées sont réelles, même si on peut regretter les lenteurs, les peurs, la prudence en matière de dialogue des religions. Des musulmans méditent les textes du prieur de Tibhirine. Ces moines relevant dans la solitude d'un monastère perdu les défis les plus contemporains touchent bien au-delà des cercles croyants. En témoigne l'énorme succès du film de Xavier Beauvois, *Des hommes et des dieux*, prix du Jury à Cannes, cette année, qui filme avec justesse la vie de prière et le compagnonnage des moines de Tibhirine avec leurs voisins algériens lors des trois années précédant leur assassinat.

Ce livre a été écrit dans les deux années qui ont suivi la mort du prieur et de ses frères. Il est le premier à avoir raconté pas à pas l'itinéraire de l'homme, du moine, du mystique, engagé seul sur un chemin étroit, « un pèlerinage vers la communion des saints », plus semé de questions que de réponses. Son écriture a nécessité des dizaines de rencontres, d'écoute de témoignages, à un moment où nul ne connaissait le nom de Tibhirine et encore moins celui de son prieur. Il a fallu remonter aux sources, rechercher les très nombreux textes de ce moine prolixe (il pouvait écrire cinquante lettres par jour), les correspondances d'un conseiller spirituel, d'un fils, d'un frère, d'un ami, d'un ancien officier d'Algérie resté en lien avec des compagnons d'armes, les sermons, interventions lors des rencontres internationales des cisterciens, articles et autres lettres à un ami bénédictin. Bruno Chenu venait de publier deux premiers recueils de textes de feu *L'invincible espérance* et *Sept vies pour Dieu et pour l'Algérie*, qui laissaient entrevoir la force de la pensée du prieur. D'autres publications sont venues depuis compléter ces écrits d'un contenu théologique et mystique[1]. Le chantier reste ouvert.

Le témoignage de Christian de Chergé, mystique chrétien avide d'une communion avec les croyants de l'islam, invite chrétiens et musulmans à un exode vers l'autre, une hégire, qui est une obligation de la foi, si les uns et les autres croient au Dieu unique et miséricordieux.

Si tous ne sont pas appelés à suivre les chemins les plus escarpés, il en désigne de plus quotidiens : « Chrétiens et musulmans, nous avons un besoin urgent d'entrer dans la miséricorde mutuelle. Une "parole commune" qui nous vient de Dieu nous y invite... Cet exode vers l'autre ne saurait nous détourner de la Terre promise, s'il est bien vrai que nos chemins convergent quand une même soif nous attire au même puits. Pouvons-nous nous abreuver mutuellement ? C'est au goût de l'eau qu'on en juge. La véritable eau vive est celle que nul ne peut faire jaillir, ni contenir. Le monde serait moins désert si nous pouvions nous reconnaître une vocation commune, celle de multiplier au passage les fontaines de miséricorde[2]... »

C. R., 20 septembre 2010

---

1. En particulier *Christian de Chergé, une théologie de l'espérance*, de Christian Salenson, Bayard, 2009.
2. *Ibid.*, p. 73.

INTRODUCTION

Le 27 mars 1996, le monde entier apprend l'existence d'un petit monastère, habité par huit moines cisterciens originaires de France, dans la montagne aride de l'Atlas algérien. Notre-Dame-de-l'Atlas se trouve près du village de Tibhirine, à quelques kilomètres de la ville de Médéa, un fief islamiste en Algérie. Le monastère est situé géographiquement sur la ligne de front entre les groupes islamistes prêts à tout pour instaurer un État inspiré de la *charia* en Algérie, et les forces gouvernementales non moins déterminées à les en empêcher. Une violence inouïe règne dans la région. Dans l'ensemble du pays, les morts, intellectuels, femmes, enfants, jeunes, vieillards, se comptent par dizaines de milliers. Les huit moines auraient pu se mettre à l'abri, comme le leur ont recommandé les autorités locales. Mais ils estiment que leur place est là, avec la population à laquelle ils sont liés par une longue amitié. Frère Luc, le plus ancien, médecin, soigne les habitants de la région depuis 1947 ! Ils refusent les protections armées qui mettent en danger, leur semble-t-il, leur voisinage et sont incompatibles avec leur vocation d'hommes de prière.

Le 27 mars 1996, sept de ces religieux sont enlevés par un groupe d'islamistes armés et, après une interminable

attente, un communiqué du GIA (Groupe islamique armé)
annonce que les moines ont été égorgés le 21 mai. L'émotion
est intense en Algérie, en France, et dans le monde entier.
Le 26 mai, le glas sonne dans toutes les églises de France.

Gérard de Chergé est le plus jeune frère du prieur de
Notre-Dame-de-l'Atlas, Christian de Chergé. Il est aussi son
filleul. Il apprend comme tout le monde, le 23 mai, la
nouvelle de l'assassinat des moines. Le lendemain, il sort du
tiroir de sa table une enveloppe cachetée que son frère Christian lui a envoyée le 13 février 1994 de Fès, au Maroc. Elle
était insérée dans une lettre qui commençait par ces mots :
« Mon filleul unique et préféré... » Christian demandait à
Gérard de conserver cette enveloppe et de ne l'ouvrir que
« au cas où ».

Bouleversé, Gérard se rend chez Mme de Chergé, leur
mère, avec l'enveloppe. C'est alors que celle-ci prend
connaissance du message que le prieur de Tibhirine adresse
non seulement à sa famille, mais à sa communauté, à
l'Église, aux Algériens et, plus largement, aux hommes de
bonne volonté. Quelques jours plus tard, les sept frères et
sœurs réunis autour de leur mère décident que ce texte ne
leur est pas exclusivement destiné. Ils le remettent au journal
La Croix. Publié le 29 mai, il est repris par des journaux du
monde entier.

Ce Testament, écrit entre le 1er décembre 1993 et le
1er janvier 1994, est d'une rare profondeur spirituelle. Son
auteur sait que son choix de rester sur les hauteurs de Médéa
peut le conduire à mourir de mort violente. En une page
recto verso d'une écriture ramassée et régulière, il retrace
l'itinéraire de sa vie, avec la lucidité d'un homme qui regarde
la mort en face. Sa vie doit être tout entière comprise au
regard de ce texte, testament spirituel et profession de foi.

C'est un homme seul, libre devant son destin qui a écrit ces lignes. Pourtant, sept moines ont été assassinés ensemble, et ce testament est un peu aussi celui d'une communauté.

Les sept moines et les deux survivants, Amédée et Jean-Pierre, ont vécu ensemble une aventure humaine et spirituelle hors du commun. Chacun était totalement libre, mais tous ensemble, en leur âme et conscience, ils avaient choisi de partager avec les Algériens une existence quotidienne devenue précaire. Ce serait un non-sens de séparer Christian de Chergé de sa communauté monastique. Mais il ne fait pas de doute que la personnalité exceptionnelle et le souffle prophétique du prieur de Tibhirine ont donné à leur vocation commune en milieu musulman l'élan d'une inlassable et brûlante recherche spirituelle.

La vie de cet homme façonné par l'Évangile et habité par un immense désir de rencontre vraie avec les musulmans est bouleversante, car il a accordé jusqu'à l'extrême ses actes à ses paroles.

Dans un monde brutalisé, en Algérie et ailleurs, par le fanatisme religieux et la peur de l'autre, ce témoignage de pur amour constitue une leçon d'espoir et d'humanité.

Car il n'y a pas de tâche plus urgente à l'aube du troisième millénaire que de créer des liens au-delà des frontières et des religions. Pour les chrétiens et les non-chrétiens, Tibhirine représente désormais un signe lumineux pour l'avenir de la paix.

Quand un À-Dieu s'envisage...

S'il m'arrivait un jour – et ça pourrait être aujourd'hui – d'être victime du terrorisme qui semble vouloir englober

maintenant tous les étrangers vivant en Algérie, j'aimerais
que ma communauté, mon Église, ma famille, se souviennent
que ma vie était DONNÉE à Dieu et à ce pays.

Qu'ils acceptent que le Maître unique de toute vie ne
saurait être étranger à ce départ brutal. Qu'ils prient pour
moi : comment serais-je trouvé digne d'une telle offrande ?
Qu'ils sachent associer cette mort à tant d'autres aussi
violentes laissées dans l'indifférence de l'anonymat.

Ma vie n'a pas plus de prix qu'une autre. Elle n'en a pas
moins non plus. En tout cas, elle n'a pas l'innocence de
l'enfance. J'ai suffisamment vécu pour me savoir complice
du mal qui semble, hélas, prévaloir dans le monde, et même
de celui-là qui me frapperait aveuglément.

J'aimerais, le moment venu, avoir ce laps de lucidité qui
me permettrait de solliciter le pardon de Dieu et celui de
mes frères en humanité, en même temps que de pardonner
de tout cœur à qui m'aurait atteint.

Je ne saurais souhaiter une telle mort ; il me paraît important de le professer. Je ne vois pas, en effet, comment je
pourrais me réjouir que ce peuple que j'aime soit indistinctement accusé de mon meurtre.

C'est trop cher payé ce qu'on appellera peut-être « la
grâce du martyre » que de la devoir à un Algérien, quel qu'il
soit, surtout s'il dit agir en fidélité à ce qu'il croit être
l'islam.

Je sais le mépris dont on a pu entourer les Algériens pris
globalement. Je sais aussi les caricatures de l'islam qu'encourage un certain islamisme. Il est trop facile de se donner
bonne conscience en identifiant cette voie religieuse avec les
intégrismes et ses extrémismes.

L'Algérie et l'islam, pour moi, c'est autre chose, c'est un
corps et une âme. Je l'ai assez proclamé, je crois, au vu et

*au su de ce que j'en ai reçu, y retrouvant si souvent ce droit-
fil conducteur de l'Évangile appris aux genoux de ma mère,
ma toute première Église, précisément en Algérie, et déjà,
dans le respect des croyants musulmans.*

*Ma mort, évidemment, donnera raison à ceux qui m'ont
rapidement traité de naïf, ou d'idéaliste : « Qu'il dise maintenant ce qu'il en pense ! » Mais ceux-là doivent savoir que
sera enfin libérée ma plus lancinante curiosité.*

*Voici que je pourrai, s'il plaît à Dieu, plonger mon regard
dans celui du Père pour contempler avec lui ses enfants de
l'islam tels qu'il les voit, tout illuminés de la gloire du
Christ, fruits de sa Passion, investis par le don de l'Esprit
dont la joie secrète sera toujours d'établir la communion et
de rétablir la ressemblance, en jouant avec les différences.*

*Cette vie perdue, totalement mienne, et totalement leur, je
rends grâce à Dieu qui semble l'avoir voulue tout entière
pour cette Joie-là, envers et malgré tout.*

*Dans ce MERCI où tout est dit, désormais, de ma vie, je
vous inclus bien sûr, amis d'hier et d'aujourd'hui, et vous, ô
amis d'ici, aux côtés de ma mère et de mon père, de mes
sœurs et de mes frères et des leurs, centuple accordé comme
il était promis !*

*Et toi aussi, l'ami de la dernière minute, qui n'auras pas
su ce que tu faisais. Oui, pour toi aussi je le veux, ce MERCI
et cet « À-Dieu » en-visagé de toi. Et qu'il nous soit donné
de nous retrouver, larrons heureux, en paradis, s'il plaît à
Dieu, notre Père à tous deux. Amen !*

Incha Allah !

*Alger, 1er décembre 1993
Tibhirine, 1er janvier 1994*

I

HONNEUR ET DROITURE, L'HÉRITAGE FAMILIAL

« Ma mère, ma toute première Église »

Recte semper. Toujours droit. Telle est la devise de la famille de Chergé, gravée sur ses armoiries... Enfant, Christian la recopie avec application sur les tableaux généalogiques qu'il lui arrive de dessiner, les après-midi d'été dans la propriété familiale de l'Aveyron. Alors que ses frères se poursuivent à vélo en faisant crisser les graviers autour du château, Christian scrute les parchemins, s'intéresse aux événements familiaux et aux dates, pour lesquelles il a une mémoire étonnante, découvre des affinités entre générations. C'est un enfant secret et profond, qui aime la compagnie des adultes et celle des livres et des vieux grimoires.

Recte semper. Christian apprend dès son plus jeune âge qu'il ne peut y avoir de demi-mesure dans la droiture. Son itinéraire n'emprunte guère de lignes courbes. L'enfant, qui s'est promis à huit ans de devenir prêtre, s'engage totalement, adulte, à la suite du Christ. « Il y a une brèche au cœur de Dieu et il faut s'y engouffrer », écrira-t-il à un ami

bénédictin[1]. C'est ainsi que Christian comprend la droiture
enseignée par un père militaire et une mère très croyante.
« Je suis le chemin », dit le Christ. Comme en écho à la
devise familiale, l'enfant devine qu'il n'y a pas de chemin
plus droit que celui de suivre le Christ. Jusqu'où le suivre ?
Folie aux yeux des hommes, Christian prendra ce chemin
jusqu'à en mourir.

Comment ne pas rapprocher le destin de Christian de
Chergé de celui de Charles de Foucauld, mystique ardent et
passionné, moine trappiste, devenu ermite en Algérie (de
1901 à 1916) ? Tous deux appartiennent à des familles aristocratiques et militaires. Ils choisissent l'un et l'autre d'enfouir
leur prière chrétienne dans un « océan » d'islam, à des
périodes de relations tendues entre la France et l'Algérie : la
conquête coloniale pour le premier, la reconquête de l'indépendance de l'Algérie pour le second. La rencontre de l'islam
a été déterminante dans la naissance de la vocation contemplative de l'un comme de l'autre. Mais Christian de Chergé
n'est pas un converti. Il a reçu la foi avec la vie et sa vocation
religieuse semble avoir mûri sans à-coups, portée par un
environnement familial traditionnel et très chrétien.
« Toujours droit », dit la devise des Chergé. « Jamais
arrière », clame celle des Foucauld. Leur éducation comme
leur tempérament les portent l'un et l'autre vers l'absolu, qui
a pour eux un nom, le Christ. Leur quête les conduit en
Algérie, pour témoigner en silence d'un Évangile d'amour.
Leur démarche ne sera pas comprise. Ils sont assassinés tous
deux en Algérie, à quatre-vingts ans de distance. Christian
de Chergé s'est fait « frère universel » à la suite de Charles
de Foucauld. Il a commencé à rédiger son Testament le

1. Lettre à Vincent Desprez, 22 avril 1972.

1er décembre 1993, jour anniversaire de l'assassinat de Charles de Foucauld. Les deux hommes brûlent d'une même passion pour le Christ et pour les Algériens. Mais Christian de Chergé est imprégné de l'esprit d'ouverture qui a soufflé sur l'Église de Vatican II. Son christianisme incandescent se met à l'écoute de la tradition spirituelle des musulmans, à l'affût des convergences, infiniment respectueux du chemin par lequel Dieu conduit à lui ses enfants de l'islam.

La famille de Chergé compte des militaires, du côté paternel, et des religieux, dans la branche maternelle. Le père de Christian, le général Guy de Chergé, un polytechnicien brillant, transmet à ses huit enfants les valeurs de service, de droiture et de courage. Le fils aîné, Robert, suivra la trace paternelle en devenant saint-cyrien, le quatrième, Henry, entrera à Navale avant de poursuivre une carrière dans la banque. Christian est le second. Plus proche de la sensibilité maternelle, il s'engagera dans la voix religieuse et contemplative. Mais il a aussi hérité de son père une autorité naturelle et un sens aigu du devoir. Certains de ses frères moines souffriront parfois d'une certaine rigidité de leur prieur. Un de ses amis du séminaire, devenu évêque, a utilisé à son égard l'expression de « chevalier spirituel ». La chevalerie exalte la bravoure, la courtoisie, la loyauté, la protection des faibles. De naissance et d'éducation, Christian de Chergé possède ces qualités.

« La générosité chevaleresque consiste à se donner pour suppléer aux défaillances d'autrui », a écrit le mystique tlemcénien du XIIIe siècle, Abû Madyân. Christian de Chergé se donnera en Algérie avec la conscience claire que la générosité est réciproque. À Tibhirine, Christian de Chergé se fera « mendiant de l'amour », à l'écoute des musulmans qui l'entourent.

Christian, enfant, est fasciné par la vie de mère Saint-Bernard de Chergé, son arrière-grand-tante maternelle, une pionnière partie fonder aux États-Unis plusieurs maisons de la congrégation des auxiliatrices du purgatoire. À la fin du XIXᵉ siècle, elle implanta des communautés parmi les immigrés polonais ou italiens à New York, puis à Saint Louis et à San Francisco. Cette aventurière de la mission s'illustra par son action charitable auprès des victimes du tremblement de terre cataclysmique de San Francisco en 1906. Elle termina sa vie en Chine, responsable d'un pensionnat à Shanghai. Aux récits de la vie de cette fondatrice, le cœur de Christian s'emballe. Il sent brûler aussi en lui la même force violente qui jeta son ancêtre sur les océans, la poussa vers des espaces inconnus, et jusque dans les ruines d'une ville lointaine dévastée. Un feu, déjà, couve en lui. « Je suis venu mettre le feu sur la terre. » Cette parole du Christ trouve un écho dans le cœur de Christian. Il sait qu'il devra répondre de l'étincelle déposée en lui, comme en mère Saint-Bernard.

Guy de Chergé, le père de Christian, est né le 29 mars 1906 et n'a que onze ans en 1917 à la mort de son père, victime de la Grande Guerre. Avec ses trois frères et sœurs, il est élevé par une mère marquée par son veuvage précoce. À Paris, sous le toit de leur grand-père maternel, le général de Maindreville, les quatre enfants mènent une vie austère. Leur oncle paternel, Maurice de Chergé, joue le rôle d'un tuteur attentif et bienveillant. Élève brillant, Guy de Chergé devient le premier polytechnicien (promotion 1926) d'une famille qui comptait surtout des saint-cyriens. Sa mère aurait préféré lui voir embrasser la carrière moins exposée d'ingénieur. Son père a versé son sang pour la France. Mais Guy fera carrière à son tour dans l'armée par amour de l'honneur et de la liberté. Passionné de chevaux, le jeune officier choisit l'artillerie en sortant de la prestigieuse école militaire. Le 30 octobre 1934, à 28 ans, le sous-lieutenant Guy de Chergé épouse sa cousine Monique, de six ans sa cadette. Fille de Maurice de Chergé, elle ne change pas de nom en se mariant. De grande taille l'un et l'autre, les jeunes mariés forment un couple qui frappe par sa distinction. Leurs trois premiers garçons naissent à Colmar, dans les jours sombres de l'immédiat avant-guerre : Robert en 1935, Christian le 18 janvier 1937 et Hubert l'année suivante. L'invasion allemande surprend la famille à Fontainebleau où naît un quatrième garçon, Henry, le 21 mars 1940.

Christian est un enfant intérieur, dont la douceur masque une grande sensibilité. Il est très proche de sa mère. Tout petit, il donne des inquiétudes à ses parents. Entre trois et cinq ans, à la moindre contrariété, il entre dans des colères bleues, jusqu'à se jeter par terre, inanimé. Sa mère doit le réveiller à grand renfort d'eau froide. Un vieux médecin de campagne met fin à ces démonstrations violentes en conseillant aux parents d'ignorer les colères de l'enfant. Les crises cessent. Le tempérament impatient et explosif est dompté, mais Christian demeure un enfant fragile, un nerveux qui se contrôle. Sous le large sourire brûle une âme fougueuse, passionnée et tendre. Les bagarres avec ses frères sont rares : Christian recherche plutôt les joutes verbales. Une petite sœur, Ghislaine, naît à Nîmes en mai 1942. Le capitaine Guy de Chergé est alors chargé de la formation des officiers à l'école d'application de l'artillerie de la France non occupée. Tout en assumant de lourdes responsabilités familiales, Monique de Chergé nourrit une profonde vie intérieure. Ses garçons l'observent quotidiennement absorbée dans sa prière ou la lecture de l'Évangile. De tous, c'est Christian qui entre le plus en résonance avec la vie spirituelle de sa mère. Il n'aura pas besoin de beaucoup de mots pour exprimer la connivence née dans ces très jeunes années : « Ma mère, ma toute première Église », écrira-t-il sobrement dans son À-Dieu.

Un mois avant le débarquement américain en Afrique du Nord, Guy de Chergé est affecté à Alger pour commander une unité d'artillerie composée d'Algériens et de pieds-noirs, le 67e régiment d'artillerie d'Afrique. Monique et Guy de Chergé traversent la Méditerranée à bord du *Président-Grevy*, en octobre 1942, avec cinq enfants...

À cinq ans, Christian est alors ébloui par Alger, les ciels et les lumières violentes sur la ville dont le bleu intense de la mer exacerbe la blancheur. En surplomb se dresse la basilique Notre-Dame-d'Afrique, consacrée par Mgr Lavigerie en 1872. À l'intérieur, sous la coupole, Christian peut lire : « Notre-Dame-d'Afrique, priez pour nous et pour les musulmans. » L'enfant devine alors que le cœur de Marie est assez vaste pour contenir les chrétiens et les musulmans. Mais, dans la réalité coloniale, tout sépare les deux communautés. Il y a une fièvre et une passion dans cette ville où cohabitent des pieds-noirs de toutes conditions et des « indigènes » que les Européens côtoient le plus souvent sans les voir, dans une indifférence qui est une forme supérieure du mépris. Christian, élevé dans le respect des personnes, perçoit cette injustice. Elle reste gravée en lui comme une blessure à réparer. La famille de Chergé s'installe dans quatre grandes chambres du mess des officiers de Maison-Carrée, une ville de garnison de 25 000 habitants aux portes d'Alger, aujourd'hui El Harrach. La « maison carrée » est un ancien fort turc construit en 1746 sur une proéminence, d'où l'agha surveillait les déplacements des tribus pour les imposer. À la colonisation française, les militaires français se sont approprié le fort, et Maison-Carrée est devenue une petite ville militaire aux portes de la *mitidja,* la plaine fertile d'Alger où l'on récolte en abondance oranges, citrons, légumes, raisins. Après les rigueurs de la guerre en métropole, le marché de Maison-Carrée apparaît aux yeux des enfants de Chergé comme un paradis d'abondance orientale. La foire aux bestiaux du vendredi attire en ville une population aux costumes bigarrés, paysans de l'Atlas, marchands à la peau plus sombre venus du Sud avec des troupeaux de moutons qui évoquent des tableaux bibliques. Christian se pénètre de cette vie, étrangère et chaleureuse. Il découvre une autre culture, mais de si loin ! Le seul Algérien logé au mess est un officier. Un été, Christian et son frère aîné participent à une colonie de vacances dans la montagne proche de Chréa : pas un seul petit Algérien ne fréquente ce camp animé par des cheftaines européennes, et réservé à des fils de militaires ou de fonctionnaires français. Au retour, Christian chante à tue-tête un chant aux paroles prémonitoires : « Un jour j'aurai une chèvre et je l'apporterai au jardin d'Allah. » En novembre 1943, la guerre impose une première séparation familiale, éprouvante. Le commandant Guy de Chergé participe avec son 67e régiment d'artillerie à la campagne d'Italie dans le corps expéditionnaire du général Juin, aux côtés du futur général Zeller. Respecté pour sa droiture et son courage, Guy de Chergé sait être proche et se faire apprécier de ses hommes. « Au front, témoigne le colonel Geiger qui a servi sous ses ordres, il était en tenue de combat, comme tout le monde, mais toujours impeccable. Quand on le saluait, il vous rendait votre salut de façon impeccable, comme si vous aviez été le général lui-même : il marquait ainsi le respect qu'il avait pour ses hommes. »

La famille de Chergé est restée en Algérie. Sans l'angoisse de la séparation et de la guerre, Maison-Carrée serait un enchantement pour les enfants. Ils jouent aux soldats sur la grande terrasse inondée de lumière qui embaume le laurier et le bougainvillier. Christian s'imprègne de l'instant fugace où le soleil déjà tropical enveloppe ciel et terre de violet avant la tombée subite de la nuit. Les palmiers se découpent alors en ombres d'encre sur un ciel plus clair. Dieu habite cette beauté qui appartient à tous. Christian jubile lorsque certains matins d'hiver la montagne de Chréa au loin s'est couverte de neige tandis que la mer forme au pied de la ville blanche et bruissante un tapis immobile. Christian et ses plus jeunes frères travaillent au mess avec l'aide d'une institutrice venue de France avec la famille, Mlle Rolland. Le catéchisme a lieu à la paroisse du Sacré-Cœur, sous la direc-tion du terrible curé, le père Repeticci, qui est Corse.

Monique de Chergé exige que l'on réponde sans faute aux questions de l'impressionnant curé. Christian y excelle. Mais une question préoccupe l'enfant : sur le chemin du marché ou de l'église, il observe la population musulmane, avec laquelle la famille, confinée dans le monde clos et protégé du mess des officiers, n'a aucun contact. Il est impressionné par la ferveur des hommes prosternés à même le trottoir, toutes affaires cessantes, à l'appel du muezzin. Il ne se lasse pas d'observer la foule qui se rassemble à la mosquée le vendredi. Ses frères en rient. Lui interroge sa mère. « Ils font leur prière, répond-elle, il ne faut surtout pas se moquer. Eux aussi adorent Dieu. » Est-ce le même Dieu ? Monique de Chergé en est convaincue. Des années plus tard, Christian évoque cette période : « Voici quarante ans, cette année même, que pour la première fois, j'ai vu des hommes prier autrement que mes pères. J'avais cinq ans et je découvrais l'Algérie pour un premier séjour de trois ans. Je garde une profonde reconnaissance à ma mère qui nous a appris, à mes frères et à moi, le respect de la droiture et des attitudes de cette prière musulmane. "Ils prient Dieu", disait ma mère. Ainsi j'ai toujours su que le Dieu de l'islam et le Dieu de Jésus Christ ne font pas nombre[2]. »

Dès ce moment-là, une interrogation l'habite : pourquoi la prière au Dieu Un ne peut-elle monter d'une seule voix ? Les chrétiens ont-ils quelque chose à apprendre de la prière musulmane qui ponctue les jours ? Vingt ans plus tard, la question resurgira sous ce même ciel limpide d'Algérie lorsque Christian, séminariste, y accomplira son service militaire. Christian, enfant, est saisi par l'expression des visages des musulmans priants, par leurs prosternements jusqu'à terre, par la beauté rauque de l'appel à la prière qui rythme la vie de tout un peuple. Lui aussi fait place au recueillement. Ses frères s'étonnent de le voir, le soir, égrener son chapelet dans son lit. C'est un garçon serviable qui prend part, dans cette période de guerre, aux soucis et aux souffrances des adultes. Dans les conversations familiales, il se montre curieux de tout.

Un jour, à six ou sept ans, il agence devant ses trois frères, médusés, sa propre cérémonie d'adieu. « Je vais mourir », leur annonce-t-il sérieusement et sans émotion. Sur la petite table de la chambre d'enfants de Maison-Carrée, il dispose ses objets personnels et les partage solennellement. Henry se souvient avoir hérité d'un rasoir. Ce jeu manifeste un goût pour le théâtre et la mise en scène. Est-ce un geste prémonitoire de détachements futurs ? En 1969, il adoptera

---

2. Cité dans *Islamochristiana* nº 22, 1996, p. 6.

définitivement la règle de saint Benoît : « Qu'il ne soit permis à personne d'avoir ce que l'Abbé n'aura pas donné ou permis. Que tout soit commun à tous [...] et que nul ne dise sien ou traite comme sien quoi que ce soit. »

La veille des huit ans de Christian, une seconde petite sœur naît à Maison-Carrée. Claire est la seule des huit enfants née en Algérie. Il se noue des liens particuliers entre elle et Christian, les deux enfants dont l'anniversaire est proche. Adulte, elle lui rendra plusieurs fois visite à la trappe de Notre-Dame-de-l'Atlas.

Une nouvelle fois, la guerre va séparer la famille de Chergé. Le commandant Guy de Chergé a dû quitter Alger peu après la naissance de Claire, appelé à Paris auprès du chef d'état-major de la Défense nationale, le général Juin, à la direction de l'artillerie. Mme de Chergé est restée à Maison-Carrée avec leurs six enfants, dont l'aîné, Robert, a tout juste dix ans. Sitôt après la capitulation allemande, le 8 mai 1945, Guy de Chergé organise le rapatriement de sa famille dans des avions militaires, des maraudeurs, volant en escadrille. Souvenir impérissable : la famille prend place dans la soute à bombes. Les enfants sont impressionnés par ces avions qui ont participé à des opérations de guerre. Le bruit insoutenable des hélices, l'inconfort des sièges, le vrombissement des avions aperçus par les hublots ajoutent à l'excitation du retour, après trois ans outre-Méditerranée, dans une France enfin libérée.

À la rentrée scolaire 1945-1946, le commandant Guy de Chergé peut enfin réunir sa nombreuse famille dans l'appartement parisien de son beau-père, lui-même installé définitivement dans la propriété de l'Aveyron. Mais pour leur éviter les privations alimentaires dans le Paris de l'après-guerre,

Robert et Christian ont été laissés en pension dans l'Aveyron. Christian, fragile, supporte mal la séparation familiale et les rigueurs d'un pensionnat où l'on porte sabots de bois et tablier de serge noire. À Noël, malade, il rejoint sa famille à Paris.

Celle-ci, trop nombreuse désormais pour suivre Guy de Chergé dans ses postes successifs, s'est fixée définitivement square du Roule, dans le quartier élégant du faubourg Saint-Honoré, près de la salle Pleyel. La famille de Chergé fréquente la chapelle des pères du Saint-Sacrement et le couvent des dominicains. Ce quartier est un village où les familles se saluent, sans se départir d'une certaine réserve. Le square résonne comme une cour de récréation : pas moins de soixante enfants habitent ce groupe d'immeubles bourgeois. C'est là que naissent les deux plus jeunes frères, Jacques en 1947 et Gérard, le 15 février 1951, dont Christian, de treize ans son aîné, est le parrain.

À partir de 1945, Christian de Chergé accomplit toutes ses études secondaires au collège Sainte-Marie, rue de Monceau, tenu par les pères marianistes. Ses camarades sont des garçons issus comme lui de familles nombreuses et chrétiennes qui habitent les grands appartements du VIIIe ou du XVIIe arrondissement. Le scoutisme les aidera à sortir de leur cocon et à s'ouvrir à d'autres milieux.

Ses camarades évoquent la douceur et le sourire de Christian. « Il a été mon meilleur ami de la 6e à la 3e, témoigne aujourd'hui Yves Berthelot. Je me souviens de nos interminables allées et venues entre le square du Roule et la rue Margueritte, où j'habitais, chacun raccompagnant l'autre à tour de rôle. Il était avant tout la droiture, la franchise et le respect de l'autre. Il était sensible mais d'une grande pudeur.

C'était un très bon élève, sans être excessivement brillant, en fait remarquablement équilibré. »

« Au collège Sainte-Marie-de-Monceau, écrit Pierre-Antoine Richebé[3], il remportait, me semble-t-il, tous les prix d'excellence. Je l'admirais aussi pour l'excellence de ce sourire, la facilité de son accueil... Je voulais apporter ce simple témoignage : celui d'un homme qui se souvient, enfant, d'avoir été fasciné par le sourire du camarade brillant, admirable de loin, inabordable à ses yeux, et comprend aujourd'hui ce que contenait en germe ce lumineux sourire. » Christian intimide par sa distinction et son intelligence. Sa réserve passe parfois pour de la froideur. Pour le père Ninféi, alors directeur de Sainte-Marie, « c'était un élève modèle, plein de délicatesse, et comme tous les gens heureux, un garçon sans histoire ». M. Millord, professeur de lettres classiques, évoque « un agréable, intelligent, souriant et sympathique élève de 4e. Il fut un des rares que je n'ai pas oubliés, à cause sans doute à la fois de son éducation et de sa transparence. Je ne peux pas oublier son regard et son sourire ». Le garçon sans histoire est un fin négociateur. Le jour où M. Millord organise une visite de Port-Royal pour les quinze premiers élèves de la classe, Christian plaide la cause d'élèves laissés de côté. Il sait convaincre ! « Un de ces types qui font l'ambiance d'une classe sans se mettre en avant », résume Vincent Desprez, qui, devenu moine bénédictin, entretiendra avec son ancien camarade de collège une amitié monastique fidèle.

Les pères marianistes de Sainte-Marie dispensent une éducation religieuse classique dans l'Église préconciliaire. Le collège vit au rythme des grandes cérémonies de commu-

---

3. Témoignage paru dans *La Croix*, 27 juin 1996.

nions, tapis rouges déroulés à travers la cour, statues fleuries, processions solennelles. Le père Schmitt, un Alsacien aux yeux bleus remplis de bienveillance, enseigne le catéchisme. Également aumônier des scouts, il a dû exercer sur Christian de Chergé l'influence d'un homme de grande foi. Dès la 6e, Christian a pris l'habitude de s'arrêter tous les matins à la chapelle du collège avant les cours, y entraînant parfois un ami. Il ne dit mot à personne, sauf sans doute à l'abbé Schmitt, de son désir d'être prêtre.

Le commandant de Chergé exerce un grand ascendant sur une tribu qui fait son orgueil. Il s'amuse à donner à chacun de ses enfants le nom d'une des sept merveilles du monde, le huitième, Gérard, les résumant toutes. À Christian, il attribue le phare d'Alexandrie : une lumière sur le continent africain ! Certains jours, il le nomme aussi « archiduc de la susceptibilité » ! « Sale caractère », dira en riant un de ses frères. Christian n'aime pas avoir tort. C'est un garçon sérieux, irritant lorsqu'il manie un humour narquois ou brille dans des joutes littéraires ou philosophiques auxquelles, adolescent, il aime se livrer avec son père. Il savoure sans retenue ses succès aux concours littéraires du *Figaro*.

En dépit de la guerre, Christian de Chergé a vécu une enfance préservée et heureuse. Il sait qu'il doit beaucoup au couple uni de ses parents. À l'occasion de leur quarantième anniversaire de mariage, le 30 octobre 1974, il exprimera sa reconnaissance « pour ces quarante années dévorées en une seule journée tant ils s'aiment, pour ce mutuel oubli de soi enfantant chaque jour le don débordant du premier jour ».

Le parcours scolaire sans faute du collégien s'achève pourtant en juillet 1954 par un échec, inattendu, au bac scientifique de mathélem. Sous le cloître du lycée Henri-IV où sont affichés les résultats, Christian ne peut retenir ses larmes. Il redouble donc, meurtri par cet échec, au lycée public Carnot. Sans ses amis, dans un milieu plus mélangé, il mûrit pendant l'hiver 1955 son projet d'entrer au séminaire.

Car le désir de tout donner à Dieu l'habite depuis l'enfance.

II

D'ESPÉRANCE ET DE SANG

« Ma vie était donnée à Dieu... »

« Je serai prêtre. » Le grand-père de Christian, Maurice de Chergé, a été par accident le premier témoin d'une décision qui semble remonter à l'enfance. C'est l'été 1945, Christian a huit ans au retour d'Algérie. Les enfants retrouvent avec bonheur le parc du château d'Orlhonac, à Villefranche-de-Rouergue, dans l'Aveyron, propriété de leur grand-père maternel. C'est un manoir de taille modeste dont la partie la plus ancienne, un donjon carré, date du XIIᵉ siècle. Pour les enfants de Chergé, Orlhonac, avec ses cinquante-six hectares de parc et de terres, constitue le lieu de l'enracinement familial et de la stabilité, quand la carrière militaire de leur père entraîne des ruptures et des déménagements. Un soir, Maurice de Chergé et son petit-fils sont occupés à ramener un jeune cheval à l'écurie quand l'animal se cabre et bloque violemment Christian contre la porte. Le grand-père délivre son petit-fils, qui se sauve en courant. Un papier s'est échappé de la poche de Christian. Maurice de Chergé lit trois mots tracés d'une écriture d'enfant : « Je serai prêtre. » Le grand-père, ému, met les parents au courant du secret découvert par hasard. Mais Christian lui-même ne parle pas de sa résolution à ses parents avant l'âge de seize ans. Elle est ancrée profondément. Son camarade de séminaire Claude Bressolette dira de Christian qu'il est un doux entêté : « Quand il a une idée en tête, il est impossible de l'en faire démordre. » Le désir de Dieu l'a saisi. Il n'en démordra pas.

Cet été-là, perché dans un marronnier, Christian s'amuse à contempler les jeux de ses frères. Le paysage vu de haut offre une perspective différente. Christian aime regarder les personnes et les choses sous des angles nouveaux. « On rencontre l'autre au niveau où l'on se place soi-même », répétera-t-il souvent par la suite. L'enfance, écrit Rainer Maria Rilke dans ses *Lettres à un jeune poète,* est « précieuse, royale richesse, trésor de souvenirs ». Christian fait provision d'images. Il n'est pas interdit de penser que la méditation du moine, à l'âge mûr, en mai 1975 (il a trente-huit ans), sur un coquelicot, sa fleur préférée, prolonge une contemplation ébauchée dans l'enfance : « Un coquelicot, tout seul, épanoui de pourpre, tige menue recourbée avec l'insolence d'un point d'interrogation vers le dallage de ciment grisâtre qui – prodige ! – vient de lui donner le jour [...].

Dans la fissure de la dalle, un chemin d'enracinement : plus profond que la médiocrité, ce terreau de notre fraîcheur originelle. Se laisser craqueler sous le soleil, se laisser travailler par l'eau vive, pour livrer passage à ce petit roi venu d'ailleurs attirant vers le ciel toute l'horizontale coulée en dalle.

Un jour viendra où le miracle se produira : le cœur le plus terne s'ouvrira et laissera éclore de sa soif un geste d'amour, goutte de sang suffisant au désert pour refleurir. Appel du Christ et de l'Esprit, ce coquelicot naît d'au-delà de nous-mêmes comme un point d'interrogation planté au cœur plein de nos assurances : "M'aimes-tu ?" Est-il possible de répondre "non" à ce petit roi tout vêtu de vert et de pourpre, d'espérance et de sang, de vie, quoi. » Penché au-dessus de la corolle frêle d'une fleur dans les blés de l'été, Christian entend l'appel discret du coquelicot.

Monique et Guy de Chergé ne sont pas surpris que leur second fils ait la pensée de se faire prêtre. Sans doute Monique de Chergé a-t-elle le secret désir que l'un de ses six fils devienne prêtre, mais elle a une trop haute idée du sacerdoce pour exercer la moindre pression sur un enfant ou un adolescent. Cette femme à la spiritualité profonde ne place pas cette vocation au-dessus de celle des autres baptisés. Elle n'a jamais prié pour que l'un de ses fils ou de ses filles soit religieux. « Dieu sait trouver lui-même le chemin des cœurs », dit-elle simplement. Les parents de Christian ne découragent pas le projet de leur fils, comme ils ne décourageront pas celui de leur fille aînée, Ghislaine, qui annonce à dix-neuf ans son intention de devenir religieuse. Mais Guy de Chergé redoute une décision prise trop précocement. Lorsque Christian, à seize ans, confie à ses parents son intention, son père lui recommande d'accomplir d'abord des études supérieures et de vivre comme tous les jeunes de son âge. Il a de l'ambition pour ce garçon doué intellectuellement et plein d'idéal, dont il rêve de faire un polytechnicien. Il n'est jamais question en famille de la vocation de Christian. Mais tout dans son attitude laisse deviner qu'il a choisi très tôt de devenir prêtre. L'annonce de son entrée au séminaire ne surprendra aucun de ses frères et sœurs.

Son enfance suit le parcours d'une éducation chrétienne traditionnelle, marquée par le scoutisme.

« Seigneur Jésus, apprenez-nous à être généreux,
À vous servir comme vous le méritez,
À donner sans compter,

À combattre sans souci des blessures,
À travailler sans chercher le repos,
À nous dépenser sans attendre d'autre récompense
Que celle de savoir que nous faisons votre sainte volonté. »

Christian prend au sérieux les paroles de la prière scoute. Successivement louveteau, puis scout et routier, il gravit tous les échelons de la 104e de Paris, la troupe scoute du collège Sainte-Marie-de-Monceau. Dans les années d'après-guerre qui précèdent les grands bouleversements idéologiques des années 60, le scoutisme offre à une génération de chrétiens une formation spirituelle et sociale exigeante.

En 1950, Christian de Chergé est second de la patrouille des Albatros, dont le chef est Audrys Backis, l'actuel évêque de Vilnius, en Lituanie, une des Églises les plus démunies. L'amitié scoute se moque des années et des distances. Jusqu'aux derniers mois, le monastère de Tibhirine a envoyé des chèques à l'association pour le renouveau de cette Église de Lituanie.

Christian est un excellent scout, responsable, attentif, heureux sauf dans certains jeux trop guerriers. « La garruche » consiste à frapper l'autre avec son foulard torsadé : Vincent Desprez, maladroit en sport, goûte peu ce jeu violent. Il lui semble que Christian ne l'apprécie pas non plus.

À seize ans, les scouts passent à la branche aînée, la Route. Dans les années 50, le mouvement est très engagé sur le front des détresses sociales. Le clan routier Saint-Exupéry compte alors une trentaine de garçons. Christian encadre, le jeudi après-midi, des enfants du patronage de Saint-Joseph-des-Quatre-Chemins, une paroisse populaire d'Asnières. Le dimanche, il fait partie de l'équipe des Castors qui, avec l'abbé Legrand, l'aumônier du clan, aide des familles modestes à construire leurs logements. Sortir de son milieu, aller au-devant des personnes d'autre culture lui devient indispensable, un exode nécessaire pour rencontrer le Christ qui l'appelle à le suivre. Il est le « jeune homme riche » de l'Évangile. Plus tard, dans la pauvreté choisie de la trappe algérienne, il gardera une conscience aiguë de ce paradoxe : né entouré d'affection et de richesses matérielles, spirituelles et intellectuelles, il ne sera jamais un véritable pauvre, à moins de « tout » donner.

Christian aime les sommets. Lors d'un camp aux Houches, durant l'été 1955, les routiers entreprennent l'escalade du Mont-Blanc. Après une halte au refuge du Goûter, ils se lèvent au milieu de la nuit pour achever l'ascension. Christian est l'un des premiers à atteindre la cime à l'instant féérique où le soleil vient de poindre. Une photo prise au sommet montre six routiers radieux munis de crampons et de piolets, à côté de leur guide de montagne. Sous le chapeau scout et les lunettes de soleil, Christian arbore un sourire immense. En retrait se trouve Vincent Desprez, moins aventurier, mais compagnon fidèle de toutes les ascensions de son ami. C'est lui qui, de son monastère bénédictin de Ligugé, fera publier entre 1981 et 1991 quatre textes essentiels pour comprendre l'engagement monastique de Christian de Chergé dans un dialogue spirituel avec l'islam [1].

------

1. « Saint Benoît, patron de l'Europe au regard de l'Afrique », *Lettre de Ligugé*, no 209, 1981 ; « Venons-en à une parole commune : chrétiens et musulmans témoins et pèlerins de la miséricorde » ; no 217, 1983 ; « Chrétiens et musulmans : nos différences ont-elles le sens d'une communion ? », nos 227 et 228, 1984 ; « Entre chrétiens et musulmans, la communion des saints en douleur d'enfantement », no 256, 1991. Tous ces textes à l'exception du premier, ont été publiés dans les deux livres de Bruno Chenu : *Sept vies pour Dieu et pour l'Algérie* et *L'invincible espérance*, Paris, Bayard Éditions, 1996 et 1997.

Sous la conduite de l'abbé Legrand, le clan Saint-Ex est un vivier de vocations. Vincent Desprez a recensé parmi eux au moins quatre prêtres diocésains, un religieux carme, un bénédictin (lui-même), un trappiste (Christian de Chergé), un petit frère de l'Évangile dans la tradition de Charles de Foucauld, un jésuite. C'est presque le tiers du clan ! Plusieurs de ces jeunes bourgeois choisissent la mission ouvrière ou les ordres les plus pauvres. Quatre d'entre eux partiront en Algérie. L'interdiction des prêtres ouvriers en 1953 ne modère pas leur enthousiasme pour un catholicisme social. Après la Seconde Guerre mondiale, l'Église de France connaît un renouveau liturgique, biblique, missionnaire. L'abbé Legrand est un homme excessif, fragile et nerveux, mais un grand chrétien, formé à la lecture des Écritures par le chanoine Osty, exégète et auteur reconnu des traductions de l'Ancien et du Nouveau Testament. Christian de Chergé fréquente avec assiduité le mini-cercle biblique. À la mort du père Legrand, en 1981, Christian dira que ce prêtre « avait contribué à creuser bien des canaux qui ont irrigué ma foi en la libérant[2]. » L'abbé Legrand puise pour ses routiers aux meilleures sources contemporaines de formation chrétienne, en particulier les conférences de François Varillon, qui deviendront les *Éléments de doctrine chrétienne* écrits pour les jeunes des mouvements d'action catholique. C'est une formation chrétienne solide et en prise sur la vie. Ensemble, les routiers partent avec l'enthousiasme de l'adolescence en camps « mission », au cours de la semaine de Pâques, à Imphy, dans l'Yonne, puis à Bourganeuf, dans la Creuse. Une trentaine de garçons de bonnes familles, accompagnés du père Legrand, se déverse sur une paroisse, anime des

---

2. Lettre à Vincent Desprez, 24 mai 1981.

spectacles, des veillées et les nouvelles liturgies de la Semaine sainte selon Pie XII dans des villages déchristianisés. « Je ne sais si cela a converti les Creusois, sourit Vincent Desprez, mais cela a converti certains d'entre nous. » L'élan des jeunes chrétiens mûrit à la rencontre de l'athéisme. Les certitudes se muent en une foi plus personnelle, réfléchie, consciente. Du père Legrand, Christian a écrit qu'il était un « éveilleur de vocations ». « Il nous ouvrait l'Ancien Testament, nous engageant dans l'Exode avec le sérieux capital de la foi d'Abraham (Abraham déjà !). »

La Route est une étape déterminante dans la formation spirituelle et humaniste de Christian de Chergé et le terreau d'amitiés fortes qui l'accompagneront en Algérie. En 1971, il aura la joie de retrouver deux anciens du clan Saint-Ex, prêtres à Alger, tandis qu'il effectue un stage d'arabe dialectal algérien au centre diocésain : « Les moments libres, écrit-il à Vincent Desprez, ont été absorbés par des amis communs, heureux de reformer un "Saint-Ex" miniature... un séculier, un religieux, un moine, dans un contexte aussi particulier que le nôtre, la réunion n'était pas banale. » Un ancien routier de Saint-Ex, Thierry Becker, prêtre à Alger puis à Oran, sera très proche de Christian en Algérie.

En juin 1955, muni du bac mathélem, Christian reparle à ses parents de son désir d'entrer au séminaire. Avant de le voir s'engager dans la voie du sacerdoce, son père impose à son fils de sortir du vase clos des établissements religieux. Christian s'inscrit à la Sorbonne en propédeutique lettres. La psychologie l'intéresse particulièrement. Séminariste, en 1958, il complètera cette formation et obtiendra un certificat de psychologie de la Sorbonne. Étudiant, Christian fréquente parfois le centre Richelieu, le centre catholique universitaire de Paris qu'anime le père Charles, secondé par un jeune aumônier, l'abbé Lustiger. L'abbé Charles est un homme de grande foi, soucieux de structurer la formation intellectuelle des chrétiens. C'est un organisateur, un homme d'action, ancien officier d'intendance pendant la guerre puis aumônier général des Chantiers sous Pétain. À la Libération, il a été nommé aumônier de la Sorbonne, qu'il quittera pour diriger la basilique de Montmartre en 1959. Au centre Richelieu, place de la Sorbonne, il remplace le ping-pong et les activités sociales des étudiants par des cours de théologie en trois ans : Dieu ; Jésus Christ ; l'Église. Il organise des réseaux de « missionnaires » chargés de manifester une présence chrétienne dans les amphis, dans le but avoué de contrecarrer l'influence communiste. Pour lui, l'Église, détentrice de la vérité, doit se faire visible et lutter contre l'athéisme. Il relance les pèlerinages de Chartres et organise à Noël une montée de nuit à Montmartre. Christian de Chergé participe à certaines des activités spirituelles, mais se montre réservé sur les méthodes de « croisé » de l'impétueux abbé.

Christian s'interroge sur son orientation religieuse : la formation intellectuelle des jésuites le séduit, mais il craint qu'elle ne le rapproche pas assez des hommes les plus simples. Homme d'oraison et d'absolu, il est également attiré par le silence contemplatif d'une vie monastique retirée du monde. L'Église vit après la guerre un grand élan de créativité et de renouveau liturgique. À la suite de Jacques Maritain, d'Emmanuel Mounier, avec les mouvements de jeunesse d'action catholique, en particulier de la JOC de l'abbé Cardjin, se développe un courant existentiel et humaniste, tourné vers l'action. Christian a le désir de se mettre au service de cette Église qui s'engage dans la vie des hommes. Il s'inscrit donc au séminaire des Carmes, qui forme les prêtres les plus brillants du diocèse de Paris. Les études y sont plus longues qu'au séminaire d'Issy-les-Moulineaux : deux années de philosophie et quatre de théologie, coupées par le service militaire. Les séminaristes suivent les cours de l'Institut catholique, dont le recteur est alors Mgr Blanchet, futur prédicateur à Notre-Dame et membre de l'Académie française. Le choix de Christian surprend sa famille : « On a toujours su qu'il serait prêtre, note Robert, mais on le voyait jésuite... et puisqu'il choisissait le clergé séculier, on s'attendait à le voir devenir évêque. » Il aurait pu le devenir, comme plusieurs de ses condisciples du séminaire des Carmes, Albert Rouet, Jacques Perrier ou René Picandet, s'il n'avait, après cinq ans de service dans le diocèse de Paris, pris, avec l'habit de moine, le chemin de l'Algérie.

Le 6 octobre 1956, Christian entre à dix-neuf ans au séminaire des Carmes, à Paris. Habillé en gris sombre, le visage fin mangé par des lunettes à monture épaisse, grand et mince, Christian impressionne par sa bonne éducation et sa simplicité. Les témoignages de ses camarades de séminaire convergent : c'est un garçon réservé et attentif, un excellent camarade plein de gentillesse, agréable. « On était frappé par sa distinction naturelle et sa réserve, écrit un de ses anciens condisciples, Claude Bressolette, doyen honoraire de la faculté de théologie de l'Institut catholique de Paris. Peu à peu, derrière le sourire et la délicatesse du regard, on pressentait l'élégance du cœur nourrie d'une vie spirituelle manifeste. » Les dix-huit étudiants de première année de philosophie sont réunis pour la première fois dans la grande salle sombre du premier étage pour une lecture spirituelle. Par les hasards de l'ordre alphabétique, Joseph Choné, un Vendéen, se trouve assis à côté de Christian de Chergé. Une amitié naît. Christian apprécie le rire chaud de Joseph. « Pour que demeure un rire qui fait la joie de beaucoup, aidant chacun à vivre », écrira Christian à son ami en 1982. On ne peut pas faire tempéraments plus opposés. Joseph est bon vivant, expansif ; Christian est discret, réservé, intérieur.

Les séminaristes sont accueillis par le père Tollu, directeur du séminaire de 1951 à 1961. Parmi les dix-huit étudiants se trouve un boute-en-train un peu révolutionnaire, Xavier Lerolle. Une amitié profonde le lie aussi à Christian. Xavier étouffe dans le cadre confiné et solennel du séminaire, où Christian, en garçon bien élevé, évolue avec aisance. Christian inspire confiance. Il sait écouter. Lui-même se confie peu, mais il reçoit des confidences de camarades qui s'interrogent sur leurs choix. « Il émanait de lui, se souvient Mgr Jacques Perrier, actuel évêque de Lourdes, une profondeur, une qualité, une différence. C'était un homme bon. » Posé, méthodique, tout en douceur, Christian est pourtant un meneur d'hommes. Il exercera auprès de Claude Bressolette, dans ses années de théologie, en 1962 et 1963, la charge de « cérémoniaire », une fonction lourde dans le séminaire préconciliaire : il s'agit d'ordonner les cérémonies solennelles de la Semaine sainte, les ordinations au diaconat, au sous-diaconat, aux ordres mineurs. Cette charge requiert une qualité spirituelle et des dons d'organisation et de diplomatie. Christian a un tempérament de chef, qu'il exerce avec courtoisie. S'il n'avait pas été religieux, a-t-il plus tard confié à un postulant de Tibhirine, il aurait été tenté par la carrière diplomatique. C'est un homme de conciliation. Il organise des liturgies qui ne sont pas austères : « Il sert toujours attentivement la liturgie et la fait aimer, faisant toujours mieux comprendre qu'elle relie l'aujourd'hui à l'éternité de Dieu, écrit Claude Bressolette. Tout en respectant les normes romaines, il sait insuffler un air de liberté aux cérémonies les plus simples et les plus fastueuses. De ce fait, il forme des disciples et n'est jamais tant heureux que de les laisser prendre leurs responsabilités. Au milieu des siens il se coule dans le silence et le service divin. » Il fait apprécier la liturgie à son impertinent ami Xavier Lerolle, qui se rit des règles de bienséance, mais admire l'intelligence et l'autorité souriantes avec lesquelles Christian dirige séminaristes, prêtres de Saint-Sulpice, directeurs du séminaire. La chapelle du séminaire des Carmes contient une crypte abritant les ossements des prêtres carmes tués pendant la Révolution. Christian vient souvent se recueillir à la « crypte des martyrs ». « La mort est la compagne du moine », écrira-t-il plus tard. Elle est la compagne de tout homme lucide, et certainement du jeune homme qui s'engage à suivre le Christ.

Venu d'un milieu traditionnel, Christian étonne par son ouverture d'esprit. Séminariste au temps du concile Vatican II, il sera toujours impatient de voir l'Église entrer plus joyeusement dans une conversion qu'exige la sécularisation du monde moderne. L'Église est le lieu où chemine le peuple de Dieu. Elle ne doit pas craindre de vivre dans le monde pour porter l'Évangile aux hommes de ce temps avides de liberté. Au séminaire, il est apprécié car il n'est pas l'homme d'un clan. « C'est un semeur de paix, dit un ancien camarade ; il est profondément un conciliateur. » En 1956 et 1957 se trouvent au séminaire deux jeunes qui sont les fils spirituels du traditionaliste abbé de Nantes, Gérard Cousin et Bruno Bonnet-Aymard, opposés à tout changement dans l'Église et qui prendront sur l'Algérie des positions d'extrême droite. Leurs opinions sont aux antipodes de celles de Christian, qui se montre pourtant amical, attentif à ne pas rompre les ponts. Entre les séminaristes venus des mouvements d'action catholique et ceux de tendance plus doctrinale formés au centre Richelieu, les discussions sont souvent vives. Ce sont deux conceptions d'Église qui s'affrontent. Christian de Chergé s'efforce de faire le lien.

Xavier Lerolle est exubérant et chahuteur. Christian apprécie la sincérité frondeuse de Xavier. Elle l'aide à surmonter une réserve que certains prennent pour de la froideur. Les deux amis ont en commun un profond non-conformisme, celui de l'Évangile. Ils partagent une connivence : leurs jeunes sœurs Béatrice et Ghislaine sont toutes les deux entrées chez les religieuses xavières, un ordre moderne et ouvert sur le monde, congrégation qui dès sa fondation, avant le Concile, n'avait pas d'habits religieux. La décision de Ghislaine a fortement secoué M. de Chergé, très proche de sa fille aînée. Chrétien traditionnel, il accepte mal le choix de cette congrégation d'avant-garde. Christian sait trouver les mots pour expliquer la décision de sa sœur, qu'il soutient profondément. « Vous, les xavières, apprécie Christian, vous êtes une présence priante dans le monde. » Ghislaine entre dans la vie religieuse le jour de l'ouverture du Concile, le 13 octobre 1962. « Christian aurait pu être conservateur, remarque-t-elle aujourd'hui, car il avait certains traits traditionnels. Il aurait aimé que je fasse du grec, il se passionnait pour la généalogie, il aimait le grégorien et les beaux offices. Mais sa théologie est très moderne et ouverte sur le monde. Il parle de Lévinas, de théologiens contemporains, pas seulement des anciens. » Inclassable, Christian de Chergé surprend, il se méfie des frontières. Tout au long de sa vie, il sera souvent là où on ne l'attend pas.

À la fin de ses deux années de philosophie, Christian rend

un beau devoir sur l'amitié, inspiré de saint François de Sales, « docteur de l'amour ». Il cite cette phrase d'Aristote : « Il faut moudre beaucoup de sel ensemble pour être des amis », qu'il complétera en Algérie par le proverbe berbère : « Deux hommes ne peuvent se dire frères que s'ils ont consommé ensemble une tonne de sel. »

L'amitié est au cœur de la vie et de la vocation de Christian comme elle est au cœur de l'Évangile. Une amitié ne se crée pas en quelques mois. En Algérie, Christian choisira à Tibhirine la stabilité monastique, car l'amitié ne va pas sans la durée et la fidélité. L'une de ses dernières paroles publiques, adressée lors d'une retraite aux laïcs d'Alger, sera pour insister sur la nécessité d'une amitié entre chrétiens et musulmans inscrite dans la durée : « Nous n'avons pas encore assez vécu à leurs côtés[3]. »

L'amitié inonde la vie spirituelle de Christian. Il la nourrit des petits gestes fraternels au jour le jour. Comme le cardinal Duval, son père spirituel en Algérie, il peut dire : « L'âme du dialogue, c'est l'amitié. Rien de grand ne peut se faire dans le monde sans l'intervention du cœur. » Même s'il faut, pour consommer ensemble une tonne de sel, plusieurs générations. Le mot « ami » revient trois fois dans le texte pourtant très sobre de son À-Dieu.

Septembre 1958. Les étudiants de la promotion 1956 doivent interrompre leurs études pour accomplir leur service militaire qui depuis février 1956 a été porté à vingt-sept mois. Cette génération est celle de la guerre d'Algérie. Christian accomplit son service comme officier dans la petite ville de Tiaret, à la frontière des monts de l'Ouarsenis et des hauts plateaux. Il y vit une expérience humaine et spirituelle

---

3. 8 mars 1996, cité in *L'invincible espérance*, p. 304.

déterminante. Quand Christian rentre d'Algérie, début 1961, son frère aîné, Robert, découvre son frère sous un jour qu'il ne connaissait pas : « Il m'a stupéfait. Il était devenu un garçon pareil à nous, il avait perdu ce côté trop pieux, il avait pris une stature d'homme. »

III

L'AMI ALGÉRIEN

« L'Algérie et l'islam, pour moi, c'est autre chose,
c'est un corps et une âme. »

Juillet 1959-janvier 1961 : le service militaire à Tiaret

Septembre 1958. Lorsque les séminaristes de la promotion de Christian de Chergé doivent accomplir leur service militaire, la guerre d'Algérie, déclenchée en novembre 1954 par les militants nationalistes du Front de libération nationale (FLN), a pris une tournure militaire qui rend impropre le terme pudique employé jusque-là d'« événements » d'Algérie. L'année 1957 a été marquée par la terrible bataille d'Alger et l'abandon des pouvoirs de police aux militaires. La population algérienne est partagée entre le soutien aux indépendantistes et la fidélité à la France. Mais une majorité désire, sinon l'indépendance, du moins un statut de relative autonomie et la reconnaissance de sa dignité. L'opinion française, quant à elle, reste largement convaincue que l'Algérie doit demeurer attachée à la France, une de « Dunkerque à Tamanrasset ». 1 200 000 Français d'Algérie attendent de l'armée qu'elle mette rapidement fin à la guerre et restaure l'autorité de la France en Algérie.

Les séminaristes savent que l'armée française a été marquée par le déshonneur de certains de ses membres, qui ont prôné et pratiqué la torture. Ils ignorent peut-être que l'archevêque d'Alger, Mgr Duval, s'est élevé très vigoureusement, dès le 17 janvier 1955, contre ces pratiques. Mais ils ont lu, en mars 1957, le texte de l'Assemblée des cardinaux et évêques de France (ACA) condamnant fermement l'usage de la torture. L'Église de France a fini par se rendre à l'évidence et a entendu les appels répétés de l'archevêque d'Alger et d'un aumônier militaire en Algérie depuis 1956, le père François de L'Espinay. Le 28 mars 1957, le général de Bollardière, un chrétien, officier de la Légion d'honneur, compagnon de la Libération, a demandé à être relevé de son commandement en Algérie pour protester contre l'usage de la torture. Il faudra encore deux ans, et le départ de dizaines de séminaristes en Algérie, pour que le séminaire des Carmes diffuse à l'intention de ses étudiants un petit document de onze pages ronéotypées, « À propos des problèmes moraux que pose le maintien de l'ordre ». Christian, à ce moment-là, crapahute déjà dans la région de Tiaret.

Au séminaire, pourtant, la guerre d'Algérie est présente dans tous les esprits. Les lettres des absents sont lues et affichées. Entre 1956 et 1960, c'est presque le quart des effectifs qui se bat en Algérie. L'éventualité de la mort hante ces jeunes gens de vingt ans. L'un d'eux y a perdu son frère. En 1958, personne n'a une vision claire de l'avenir de l'Algérie, mais beaucoup se doutent qu'après l'Indochine, la décolonisation va s'accélérer. Comment ? Les trois départements français d'Algérie, avec leur million de colons, sont tellement à part... On ignore encore les intentions du général de Gaulle, revenu au pouvoir en juin. Au séminaire, les conversations qui pourraient engendrer la polémique sont évitées.

Quelques séminaristes refusent de faire la guerre et optent pour la coopération au Liban. Pour Christian de Chergé, la question ne se pose pas en ces termes. Il n'est pas question de se dérober à un service national. Pour un fils de militaire, le face-à-face avec la mort n'est pas une découverte. Une situation complexe exige d'être vécue avec droiture. Au retour d'Algérie, Christian souffrira profondément des réflexions de ceux qui se féliciteront de ne pas s'être « sali les mains » en Algérie. Xavier Lerolle, qui accomplit son service en même temps, résume assez bien le sentiment qui les animait alors : « La question de la désobéissance ne s'est pas posée. Il nous était insupportable que nos copains se fassent tuer en Algérie, il n'était pas question pour nous de nous planquer. » L'expérience des prêtres-ouvriers, stoppée par Rome en 1953, a marqué profondément les séminaristes. La plupart choisissent, comme Xavier Lerolle, de servir comme simples soldats.

Un peu à contre-courant, Christian de Chergé préfère être officier, probablement par culture familiale, peut-être par goût du commandement, mais plus encore par un sens aigu des responsabilités. Si cette guerre est ambiguë, si certaines pratiques militaires sont condamnables, mieux vaut l'accomplir à un niveau où l'on peut exercer une influence. Christian effectue ses classes au Centre d'instruction des blindés de Trèves (CIDB), entre septembre et décembre 1958, puis il entre le 6 janvier 1959 à l'école de cavalerie de Saumur, d'où il sort sous-lieutenant au début de juillet 1959.

La question algérienne touche de près Christian de Chergé. L'Algérie a marqué son enfance. Sa famille y a vécu pendant la Seconde Guerre mondiale. Christian se souvient que la population originaire d'Algérie ne peut être assimilée à la France et qu'elle possède une culture propre. Son père et son frère aîné, officiers d'active, combattent tous les deux en Algérie. Le colonel Guy de Chergé a été nommé en 1957 chef d'état-major du corps d'armée de Constantine, où il a reçu les étoiles de général la même année. En mai 1958, en l'absence du préfet de Constantine, Maurice Papon, dans les jours extrêmement troublés qui précèdent le retour au pouvoir du général de Gaulle, le général Guy de Chergé exerce avec loyauté les pouvoirs civils et militaires. L'offre faite par le général de Gaulle, en octobre 1958, de « la paix des braves » laisse encore espérer aux militaires qu'il poursuivra la politique de pacification engagée en Algérie pour la maintenir dans le cadre de la France. Pour le général de Chergé, comme pour beaucoup de militaires de haut rang, il s'agit de respecter les engagements de la France à l'égard des pieds-noirs et des musulmans qui se sont rangés de son côté. Le 21 décembre 1958, le général de Gaulle est élu président de la République.

Christian est bien placé pour saisir la complexité de la situation algérienne. Son premier séjour algérien a attisé en lui une immense curiosité de connaître un peuple dont il a perçu le caractère fondamentalement religieux. En janvier 1954, il a probablement lu dans la revue des routiers un article écrit par un jeune immigré algérien et intitulé « Suis-je ton frère ? » dans lequel le jeune homme, faisant allusion aux massacres de Sétif de 1945, dénonce la violence de l'armée française à l'égard des Algériens. En novembre 1955, le père Liégé, dominicain, a dénoncé, également dans *La Route*, les injustices qui frappent le peuple algérien. Les routiers de Saint-Ex connaissent bien le père Liégé, qui loge au couvent des dominicains du faubourg Saint-Honoré.

Christian n'a probablement pas lu le témoignage boulever-
sant de Jean Muller, un ancien de la Route, « rappelé » en
Algérie en 1956 et tué dans une embuscade, dont *Témoignage chrétien* a publié une vingtaine de lettres. L'hebdoma-
daire ne fait pas partie de la presse reçue au séminaire. Le
jeune homme y témoignait de la misère des Algériens et des
méthodes brutales de « pacification » appliquées par certains
éléments de l'armée française.

Robert, le frère aîné de Christian, participe à Souk-Ahras,
à la frontière tunisienne, depuis août 1958, à la protection du
barrage électrifié destiné à rendre étanche la frontière algéro-
tunisienne, la Tunisie servant de base arrière aux combattants du FLN. Officier d'artillerie, il sera blessé et rapatrié au
Val-de-Grâce en avril 1961.

Lorsque Christian arrive à son tour en Algérie, en juillet
1959, son père, le général de Chergé, s'apprête à rentrer à
Paris, nommé par le général Zeller, alors chef d'état-major
de l'armée de terre, à la direction de la section technique de
l'armée de terre. Pendant quelques semaines, trois membres
de la famille de Chergé se trouvent simultanément au service
de la France en Algérie.

Appelé à servir comme tous les jeunes Français de sa
génération, Christian se sent, à vingt-trois ans, « jeté dans le
conflit de l'époque, sans préparation, sans explications [1] ».
Vingt-cinq ans plus tard, à la Toussaint 1985, il décrit l'état
d'esprit du séminariste-soldat débarquant en Algérie :
« Parvenu à l'âge d'homme, j'ai donc retrouvé ce pays et,
bien sûr, des priants en ce pays. Certes, mon regard n'avait
plus la fraîcheur de l'enfance, mais il pouvait encore plonger

---

1. Témoignage de Christian de Chergé, Toussaint 1985, « Prier en situation de
conflit armé ? ».

dans bien des souvenirs pour ne pas se laisser emprisonner
dans la spirale de violence et de suspicion qui défigurait les
relations du moment. » Jeune appelé, il est plus impatient
de rencontrer la population autochtone que de défendre une
présence coloniale dont il a bien perçu l'étrangeté.

Le 19 juillet 1959, dans la chaleur de l'été algérien, Christian prend son poste d'officier SAS dans la petite commune
rurale d'Aïn Saïd, dans le djebel au nord de Tiaret. Les
Sections administratives spécialisées (SAS) ont été créées par
Jacques Soustelle, gouverneur général d'Algérie entre janvier
1955 et février 1956, pour tenter de réduire le fossé qui
sépare la population « indigène » de l'administration française. Les SAS reproduisent le modèle des Bureaux arabes qui
ont fait leurs preuves au Maroc et tentent, trop tardivement,
de remédier à la misère des populations du bled. En 1959, la
population autochtone isolée a été en grande partie regroupée
dans des villages pour la protéger et l'empêcher d'apporter
son soutien aux combattants du FLN. C'est le programme de
« pacification ». Délégué du préfet pour plusieurs communes,
l'officier SAS exerce d'abord un rôle administratif : il contrôle
le travail des maires indigènes. Il supervise l'état civil, les
écoles, les dispensaires, les distributions de vivres, les
constructions d'habitations dans le cadre des regroupements
de population, vérifie les tarifs des commerces. Ce rôle social
intéresse le jeune appelé, avide de connaître une population
dont la vie religieuse l'émerveille. Mais le rôle de l'officier
SAS comporte aussi un volet « militaire » : il participe, avec
son *maghzen,* un groupe de trente supplétifs musulmans, à
des opérations militaires de ratissage. Christian gagne la
confiance d'un garde champêtre algérien, Mohamed, un
homme simple, père de dix enfants. L'homme, qui travaille

sous l'autorité française, sait qu'il est exposé aux actions des combattants de l'ALN, l'Armée de libération nationale. Mais il n'a guère le choix. Christian le voit répondre à l'appel du muezzin. Aussi, il l'interroge sur sa foi et il se risque à lui parler de la sienne. Un dialogue se noue au fil des jours entre le jeune séminariste, encore presque un adolescent, et l'Algérien soumis à Dieu par une longue pratique de la prière. Une amitié les lie, au-delà de l'ambiguïté de leurs situations respectives : le militaire français n'épouse pas totalement la cause de l'Algérie française, l'Algérien n'est pas insensible à l'argument de ses frères qui veulent se libérer de la tutelle coloniale. Mais pour ceux-là, il est déjà un traître. L'un et l'autre se reconnaissent de la même famille humaine sous le regard de Dieu. Christian puise dans l'amitié et la spiritualité de Mohamed le garde champêtre une vraie joie. « Cependant toute cette période trouble reste traversée par un rayon de lumière qui a changé l'éclairage de ma vie et l'a conduite où j'en suis, écrira-t-il en 1985 en faisant une lecture *a posteriori* de l'événement[2]. Un homme profondément religieux, garde champêtre de la commune, a aidé ma foi à se libérer en s'exprimant, au fil d'un quotidien difficile, comme une réponse tranquille, avec la simplicité de l'authenticité. Malgré la différence de génération, une amitié sincère et enjouée était née entre nous, et nos échanges avaient la volonté de Dieu pour horizon, par-dessus la mêlée. Illettré, il ne se payait pas de mots. » L'événement que Christian vit alors a la force d'une conversion. Mais ce n'est que peu à peu, à force de le méditer, que cet épisode initial s'amplifiera et prendra toute sa force.

Laissons Christian de Chergé poursuivre lui-même le récit,

---

2. « Prier en situation de conflit armé ? »

reconstruit par lui après une longue intériorisation. « Incapable de trahir les uns pour les autres, ses frères ou ses amis, c'est sa propre vie qu'il mettait en jeu malgré la lourde charge de ses dix enfants. Un jour, dans un accrochage, je devais en avoir un témoignage concret : il cherchait à la fois à me protéger et à faire cesser la riposte. Se sachant menacé, il avait accepté, entre autres formes de soutien, que "je prie pour lui". Il avait simplement commenté : "Je sais que tu prieras pour moi. Mais vois-tu, les chrétiens ne savent pas prier !" J'ai reçu dans cette remarque comme un reproche adressé à une Église qui ne se présentait pas, alors, du moins lisiblement, comme une communauté de priants. »

Le lendemain de cet accrochage, l'ami algérien est retrouvé assassiné au bord d'un puits. Le jeune sous-lieutenant de Chergé vient de vivre, dans le premier mois de sa présence en Algérie, un terrible baptême du feu et du sang. Il ne cessera de méditer l'événement qui deviendra pour lui peu à peu une expérience fondatrice. Mohamed est pour Christian de Chergé un témoin de la charité. En arabe, le mot « martyr », *chahîd,* comme en grec, signifie témoin. Et le Coran affirme : « ... Celui qui sauve un seul homme est considéré comme s'il avait sauvé tous les hommes » (5, 32).

Mais le 1er septembre 1959, Christian quitte déjà le djebel pour la petite ville de Tiaret, dont le nom signifie « la lionne » en berbère. Il est nommé « adjoint au chef de l'échelon de liaison de l'arrondissement de Tiaret », le commandant René Chevallier. Le poste est essentiellement administratif. Il s'agit de coordonner le travail de la dizaine de SAS que compte l'arrondissement de Tiaret. Christian porte toujours l'uniforme militaire et le képi bleu des officiers SAS, mais rarement une arme.

La préfecture de Tiaret, à 300 km au sud-ouest d'Alger, et

200 km d'Oran, s'étale à 1 000 mètres d'altitude, à flanc de
la montagne Guezzoul. C'est un marché agricole important,
à la croisée des montagnes d'élevage du Tell, au nord, et du
plateau du Sersou aux riches exploitations céréalières, à l'est.
Au sud débutent les hauts plateaux, qui s'étendent jusqu'au
djebel Amour, à la porte du Sahara. Là vivent des bergers
nomades à ample chapeau de paille. Le site est magnifique,
montagneux et rude. Christian a peu le loisir de faire du
tourisme, mais il n'ignore pas que Tiaret fut une ville numide
et romaine. Puis, sous le nom de Tahert, elle devint au
VIIIᵉ siècle un important centre religieux du royaume khari-
gite à partir duquel s'effectua une première islamisation de
l'Algérie.

En 1959 et 1960, la région de Tiaret est relativement
épargnée par les combats. Les officiers traversent la petite
cité coloniale sans crainte. Sur les hauteurs au nord de la
ville, dominées par le luxuriant jardin Bouscarin, se trouve
la Redoute, une forteresse où se concentre l'importante population militaire. Mais Christian loge plus bas, en ville, et les
bureaux de l'arrondissement de la SAS sont à l'opposé, à la
sortie sud de la ville, sur la route d'Aflou. Au centre de
Tiaret, la grande place bordée de bâtiments officiels à arcades
blanches s'anime en fin de journée, lorsque les cafés, les
brasseries s'emplissent de militaires et d'Européens. Le
kiosque à musique ajoute un air d'insouciance à cette ville
qui refuse de voir qu'elle vit la fin d'une époque.

À Tiaret, le commandant militaire du secteur est le colonel
Lalande, un chef de légende, qui s'est illustré au poste
« Isabelle » à Diên-Biên-Phû en Indochine, un gaulliste de la
première heure, ancien membre des Forces françaises libres.
C'est un homme d'une grande profondeur, un humaniste
chrétien, frère de Mgr Lalande, président de Pax Christi.

Christian de Chergé lui est lié par une amitié qui se prolongera bien au-delà de la guerre d'Algérie. Le général Lalande sera un des destinataires de la « Chronique de l'espérance », une lettre annuelle que Christian enverra à ses proches entre 1975 et 1996. Les deux hommes partagent un même respect pour la population musulmane, malmenée entre les Français qui tentent de l'assimiler après l'avoir trop longtemps ignorée, et les combattants pour l'indépendance. « J'étais très lié au colonel commandant le secteur. Chrétien solide et conséquent, il avait publié une note de service interdisant toute espèce de torture. Il s'était entouré de jeunes officiers conscients que l'Évangile ne pouvait être moins exigeant que la Déclaration des droits de l'homme.

Un jour, il me demanda de l'accompagner à un repas chez le *mufti*. Celui-ci, dans un dialogue très courtois, devait me confirmer dans l'intuition que l'antagonisme entre le christianisme et l'islam était, lui aussi, tout encombré de préjugés. En tout cas, pour lui comme pour beaucoup d'entre nous, la relation à Dieu demeurait le lieu où s'enracinaient toutes les libertés, et où toutes les audaces pouvaient s'imposer, y compris celle de la désobéissance à un ordre fondé sur l'injustice [3]. » Christian, formé à l'obéissance militaire et ecclésiastique, fait l'expérience en Algérie que l'obéissance chrétienne n'existe pas sans la pratique de la justice et du discernement. Sur ce point, sa pensée rejoint celle, très claire, de Mgr Duval, l'archevêque d'Alger : « La pratique de l'obéissance repose sur la foi. L'obéissance oblige toujours... Mais il faut obéir intelligemment et s'entendre sur le sens du mot "obéir". [...] Lorsque le supérieur commande une chose mauvaise en soi, la question de l'obéissance ne se pose même

---

3. « Prier en situation de conflit armé ? », 1985.

pas, puisqu'elle suppose une communion de pensée avec celui qui commande. Il n'est jamais permis d'accomplir un acte mauvais même s'il est prescrit par un supérieur [4]. »

Parmi les officiers entourant le colonel Lalande se trouve le commandant Guinard, chef d'escadron de cavalerie, un officier d'active, chrétien lui aussi. Il y a surtout Jacques Delage, un jeune ingénieur, arrivé en avril 1959, sous-lieutenant comme Christian. Formé par la Jeunesse étudiante chrétienne, lecteur de *Témoignage chrétien,* c'est un chrétien militant qui a réfléchi aux droits des musulmans et au respect des personnes. Officier de transmissions, il ne fait pas partie d'une unité combattante. Avec un autre jeune appelé, officier de renseignements, Jean-Pierre Lafarge, Christian et Jacques forment un trio que réunit un humanisme inspiré de l'Évangile. Jean-Pierre est rapidement confronté à la question des interrogatoires. Pour eux, la torture est absolument exclue. Chacun s'emploie comme il peut à la faire empêcher. Devenu responsable d'un camp de prisonniers, entre mars et décembre 1960, Jacques Delage s'oppose à des officiers qui viennent chercher des prisonniers pour les exécuter discrètement. Les jeunes appelés de Tiaret ont la chance de servir dans un secteur commandé par un homme qui a interdit l'usage de la torture. Ils savent que le colonel Lalande les approuve de défendre les droits des prisonniers musulmans. Les jeunes officiers se retrouvent tous les jours à la « popote » des officiers, située au bas de la ville, avec le colonel Lalande et le commandant Lucien Guinard. Celui-ci, devenu le général Guinard, se souvient : « Christian de Chergé était encore presque un adolescent, un garçon très pur et extrêmement exigeant. Il ne cachait pas son état de

---

4. In *Le cardinal Duval*, Paris, Cerf, 1998, p. 105.

séminariste. Il commandait à ses harkis avec autorité et humanité. L'islam, déjà, le fascinait. » Les conversations à table sont très libres, dans un climat gai et amical. « Christian avait un sens de l'humour qui était une façon pour lui d'exprimer une liberté de pensée très marquée. Il se posait beaucoup de questions sur la guerre d'Algérie. Ce n'était pas de la rébellion, mais une grande indépendance d'esprit. » Le commandant Guinard surnomme avec bonhomie le trio des jeunes officiers « les trois insolents », en visant plus particulièrement Christian qui ne fait pas mystère de sa non-violence et de son mépris pour certains fastes militaires. Des années plus tard, dans une lettre au général Guinard, alors directeur de l'école de cavalerie de Saumur, le 12 avril 1975, Christian se nomme lui-même « l'ex-EOR de Saumur déclassé de son plein gré en fantassin de l'Église, caché parmi la "piétaille" des hommes qu'il aime et admire », et, conscient de rester « l'insolent » ; il ajoute amicalement à l'attention du militaire de carrière : « Il y aura toujours un combat à mener, mais on acceptera de moins en moins que l'ennemi soit un frère, même déguisé en adversaire mortel : vivre en Algérie quinze ans après, quelle leçon ! La guerre est le seul adversaire digne d'une armée de métier, digne de l'homme tout court. Il vaut mieux arrêter là avant d'être traîné à la cour martiale... Je m'en remets à votre indulgence... » À Tiaret, en 1960, l'insolence consiste à tâcher de rester lucide. L'humour aide Christian à résister au stress qu'engendrent parfois le danger et toujours le sentiment de participer à une guerre absurde.

Christian reçoit parfois la visite d'un autre officier SAS, séminariste comme lui, futur père blanc. Affecté à une SAS éloignée du Sud, Jean-Marie Gaudeul loge chez Christian de Chergé lorsqu'il passe à Tiaret : « On sentait en Christian un homme que les événements d'Algérie avaient mûri. Il avait dû les confronter avec sa foi et son engagement personnel. De formation identique, affrontés aux mêmes enjeux, nous discutions assis sur des matelas jusqu'à deux ou trois heures du matin des problèmes de violence, de torture, des interrogatoires qui étaient pour nous un sujet quotidien de préoccupation. »

Depuis mai 1958, l'aumônier général des armées en Algérie est le père François de L'Espinay. Ce prêtre exceptionnel joue un rôle essentiel auprès de tous les prêtres-soldats et séminaristes engagés malgré eux dans la guerre d'Algérie. Surnommé « le baron », cet homme aux racines aristocratiques sait se faire aimer des séminaristes de tous les milieux, qui apprécient en lui sa haute spiritualité et son attention individuelle aux personnes. Ami intime du père Scotto, le bouillonnant curé de Bab el-Oued épris de justice évangélique, le père de L'Espinay est à l'origine des documents de l'aumônerie militaire et de l'épiscopat français dénonçant la torture. Plusieurs fois par an, il organise des récollections pour les séminaristes à la maison religieuse de la Bouzareah, dans la banlieue d'Alger. De Tiaret, Christian s'y rend à plusieurs reprises. Il retrouve ses amis Xavier Lerolle et Pierre Perdu. Pour les séminaristes confrontés à une guerre déshumanisante, la halte est salutaire.

« On était mal, mal, mal, embarqués dans cette guerre contre notre volonté, témoigne Xavier Lerolle. Le père de L'Espinay, l'être le plus extraordinaire que j'ai rencontré, nous écoutait, nous remontait le moral. » L'aumonier militaire éclaire les séminaristes sur les questions morales et leur fait connaître l'enseignement de Mgr Duval.

L'archevêque d'Alger est la bête noire des militaires. Nommé évêque de Constantine en 1947, ce Savoyard clairvoyant n'a cessé d'alerter les catholiques sur les situations d'injustice qui font le lit de la guerre. « Un jour, mes frères, vous me reprocherez de n'avoir pas assez parlé, de ne pas vous avoir avertis, de ne pas vous avoir crié votre devoir » (28 août 1950). Il appelle de tous ses vœux une Algérie fraternelle où cohabiteraient les trois communautés : musulmane, israélite et chrétienne, sans domination de l'une sur l'autre. C'est aussi l'orientation donnée par les pères blancs, qui ont reconnu dès 1946 la « légitimité du patriotisme naissant ». En 1954, devenu archevêque d'Alger, Mgr Duval prêche inlassablement aux chrétiens les impératifs de justice à l'égard de la population musulmane. En pleine guerre ! Dès janvier 1955, cet ecclésiastique d'apparence classique dénonce l'usage de la torture par l'armée française. Le 7 octobre 1956, il emploie, deux ans et demi avant de Gaulle, le mot d'autodétermination dans une circulaire aux prêtres [5].

L'évêque d'Alger dénonce avec autant de douleur les crimes commis par les poseurs de bombes du FLN, les excès de l'armée française et, plus tard, les actions terroristes de l'OAS. La grande masse des curés pieds-noirs ne se reconnaît pas dans le prophétisme évangélique du prélat d'Alger. Mais l'enseignement de l'évêque les retient de confondre la guerre

---

5. Il n'est pas inutile de citer ce texte aux prêtres : « [...] Le problème primordial est celui de la cohabitation ; il peut s'exprimer ainsi : assurer une juste égalité entre les individus en évitant qu'une communauté n'écrase l'autre [...]. Dans l'établissement des rapports nouveaux entre l'Algérie et la France, il faudra tenir compte : *a)* de la nécessité de donner progressivement satisfaction à la volonté d'autodétermination des populations d'Algérie (dans le respect des droits des personnes et des communautés) [...] ; *b)* du caractère de pays sous-développé qui est celui de l'Algérie ; d'où la nécessité et l'urgence d'une aide technique, financière, culturelle importante [...].

[...] Il n'apparaît pas impossible d'établir, pour l'Algérie, au moins à titre transitoire, un régime qui donne satisfaction à *ce qu'il y a de légitime dans les aspirations* des populations qui l'habitent, tout en donnant une base juridique à ses relations avec la France... »

d'Algérie avec une guerre de religion. Sa pensée claire guidera beaucoup de séminaristes appelés sous les drapeaux. Les déclarations de Mgr Léon-Étienne Duval lui valent la haine de ceux qui ne souffrent aucune évolution du statut de l'Algérie. La presse pied-noir se déchaîne en l'affublant du surnom de « Mohamed ». En réalité, en alertant sur la justice, Mgr Duval s'efforce d'éviter le pire. « Dans une situation d'une tragique complexité, dit-il, je ne me sens tenu que par l'Évangile. »

En janvier 1960, Christian rencontre, à vingt-trois ans, pour la première fois, celui qui est tout à la fois l'ecclésiastique de plus haut rang et l'homme d'Église le plus controversé d'Algérie. Le séminariste est séduit par l'homme d'allure sévère, droit et pâle, qui leur parle en homme d'Église et de prière et qui leur ouvre son cœur. Mgr Duval sera par la suite le parrain spirituel de la vocation contemplative de Christian en Algérie. Par deux fois, il interviendra pour que la trappe de Tibhirine puisse se maintenir en Algérie. Les deux hommes auront l'un pour l'autre une profonde estime, et bien des traits communs. « Un souvenir domine ici, raconte Christian de Chergé, celui d'une visite à Mgr Duval le 1er janvier 1960. L'aumônier général, le père François de L'Espinay, qui nous a si fortement marqués par sa tranquille assurance évangélique, m'avait demandé de l'accompagner avec un ou deux autres séminaristes pour les vœux à l'archevêque. Tout l'entretien avec ce dernier devait porter sur deux événements récents qui le bouleversaient : l'assassinat d'un père blanc, et une embuscade particulièrement meurtrière pour le FLN. On sentait que le pasteur ne dissociait pas ces deux souffrances. La prière qu'il voulut faire avec nous exprimait bien la sollicitude d'un cœur qui se voulait à tous et avec tous. »

Le séminariste est profondément marqué par l'humanité

de l'évêque qui prêche un Évangile incarné dans la réalité historique et concrète du moment. Lui aussi s'efforce d'avoir un cœur ouvert « à tous et avec tous ». Il souffre du fossé que la guerre creuse entre deux communautés qu'il voudrait fraternelles. Il l'écrira en 1979 lors d'une retraite à l'ermitage du père Charles de Foucauld à l'Assekrem :

> « Jamais plus, jamais plus la guerre !
> Je l'ai subie et si peu faite.
> J'avoue surtout d'avoir souffert
> qu'elle fût si bête.
> On se croisait, même on riait,
> sans trop savoir à qui se fier.
> L'un est mon frère, l'autre un ami,
> et la loi veut qu'on s'entretue.
> Avec la peur, tout est permis.
> Jamais plus ça, non jamais plus ! »

Mais comment créer une oasis de paix dans une situation aussi absurde ? Christian apporte une réponse spirituelle à cette question. Il retient une phrase de Paul Claudel dans son *Adresse au peuple allemand* : « Un pays est grand quand il s'applique au maximum les ressources spirituelles dont il dispose, quand il traite la personne humaine avec respect [6]. » À vingt-trois ans, le séminariste précise à Tiaret deux axes sur lesquels il orientera sa vie : la prière et le respect de chaque personne en qui le chrétien reconnaît un frère. Tous les jours, au petit matin, Christian traverse Tiaret endormie pour assister à la messe. « Il me fallait vingt minutes à pied pour aller jusqu'à l'église paroissiale. J'égrenais mon

---

6. Témoignage de Toussaint, 1985.

chapelet en traversant la ville ; c'était une compagnie. L'hiver surtout, ce chemin se faisait très solitaire. La nuit totale et le silence de la ville encore endormie me laissaient un sentiment d'angoisse et de sécurité tout à la fois. Il m'a fallu du temps pour comprendre que la peur est vaincue quand elle n'a plus de visage à prendre, quand on s'efforce de jeter un regard de paix sur tout être, même le plus apparemment hostile. D'ailleurs, sur ce trajet-là, il y eut bien vite des familiers, des complices déjà levés, à l'heure plus tardive du retour surtout : rarement des paroles, une rencontre plus intérieure [7]. »

Ce sont surtout des visages musulmans que Christian contemple en silence aux heures matinales, s'efforçant d'y découvrir les reflets d'un amour divin, d'en devenir « complice ». À la paroisse, fréquentée par une poignée de militaires et des familles européennes, règne un curé pied-noir d'origine catalane, le père Ferdinand Lledo, natif d'Oran. Cet homme grand et maigre ne manque pas de profondeur, mais l'Algérie française s'impose à lui comme une évidence. Il s'indigne des évolutions conduites par le général de Gaulle : « Trois départements français qu'on liquide ! » Il se permet de dire tout haut qu'il n'aime pas les Arabes. Par-dessus tout, il exècre les chrétiens qui s'intéressent à l'islam, en particulier Louis Massignon : « Ce sont ces gens-là qui nous ont fait du tort. » Il y a fort à parier que les déclarations de Mgr Duval n'ont pas été lues en chaire à Tiaret. D'ailleurs, Tiaret dépend du diocèse d'Oran, dont l'évêque, Mgr Bertrand Lacaste, d'origine béarnaise, ne partage pas, loin s'en faut, l'analyse de l'évêque d'Alger sur l'urgence d'une évolution politique en Algérie. Ses lettres

---

7. *Ibid.*

pastorales abordent des sujets sans aucun rapport avec la situation du pays. Christian ne reçoit pas beaucoup d'aide spirituelle du côté de la paroisse catholique, en dehors de l'assistance à la messe quotidienne. Son chemin de prière est, par la force des choses, solitaire : « J'avoue que je ne me suis jamais attardé avec le curé ou son vicaire. La messe était rapidement dite en semaine. Le dialogue n'y avait alors que la place des réponses en latin. Et les sermons du dimanche m'incitaient plutôt à ne pas engager de contro-verse. Il a mieux valu d'ailleurs que la "prière des fidèles" n'ait pas encore été restaurée. La guerre rend stériles les terres et aussi les mots. Elle n'épargne pas la fécondité des cœurs, même de ceux qu'en d'autres circonstances ou dans d'autres contextes on devinait capables d'une générosité sans frontières. Un curé d'Oranie m'écrivait alors :

"Je pense qu'il y a des époques où la haine (et ses réac-tions en chaîne) ne nous permet plus de semer. Il ne reste plus qu'à vivre la vie cachée du Christ, comme le père de Foucauld et à essayer à se montrer le frère de tous... Nos hommes ne donnent au monde musulman aucun témoignage religieux : ce ne sont pas des adorateurs de Dieu ni des hommes évangéliques..." » « Il y eut heureusement, ajoute Christian de Chergé, dans le clergé comme dans le laïcat d'Algérie, de merveilleuses exceptions, mais au prix de quelles incompréhensions [8] ! »

Lui-même, comme en témoigne le récit de sa rencontre avec le *mufti,* recherche avidement à rencontrer des croyants musulmans. Il est, comme Charles de Foucauld ou Louis Massignon avant lui, ébloui par la beauté de la prière de l'islam et les attitudes de cœur de certains musulmans. « J'ai

---

8. *Ibid.*

connu des Algériens chez qui cette absolue confiance en Dieu, défenseur de l'opprimé, s'alliait avec une impressionnante capacité d'oubli des injures et de pardon. J'ai toujours pressenti qu'ils puisaient cette force dans un dialogue vécu avec Dieu partout présent, dialogue stimulé par les cinq prières du jour. Et de fait, je n'ai jamais pu voir un musulman en prière sans me laisser interpeller, ni entendre l'appel du muezzin sans croire qu'il m'était adressé à moi aussi. Par contre, je répugnais alors à entrer dans une mosquée : peut-être le sentiment qu'il leur fallait au moins cet endroit où se sentir chez soi [9]. »

S'il respecte trop les musulmans pour oser s'introduire dans le lieu de leur prière, Christian de Chergé garde dans le cœur la mémoire vivante de l'un d'entre eux, Mohamed, tué pour l'avoir protégé. Pendant treize ans, il ne parlera à personne de cet événement qui fut à l'origine de son appel à vivre une vocation contemplative en Algérie. En 1972, devant ses frères moines de Tibhirine, il en fera pour la première fois le récit.

« Dans le sang de cet ami, assassiné pour n'avoir pas voulu pactiser avec la haine, écrit Christian, j'ai su que mon appel à suivre le Christ devrait trouver à se vivre, tôt ou tard, dans le pays même où m'avait été donné ce gage de l'amour le plus grand : *"qui pro vobis et pro multis effundetur* [10]*..."*. J'ai su, du même coup, que cette consécration devait se couler dans une prière en commun pour être vraiment témoignage d'Église et signe de la communion des saints [11]. » Christian situe lui-même dans cet événement l'origine de sa

---

9. *Ibid.*
10. Allusion au sang du Christ, « versé pour vous et pour la multitude ».
11. Témoignage de Toussaint, 1985.

vocation monastique, qui se précisera au cours des dernières années de séminaire.

« Les chrétiens ne savent pas prier. » Christian reçoit en plein cœur la remarque de son ami. Pour les musulmans, imprégnés de la transcendance et de la grandeur du Dieu unique, le Dieu des chrétiens mort sur la croix est scandale. Christian veut témoigner par l'amitié et par une vie totalement « soumise à Dieu » de la grandeur d'un Dieu qui se donne aux hommes par amour. Il a acquis la conviction que les croyants de l'islam ont aussi quelque chose à lui apprendre de Dieu. Il lui faut se mettre à l'écoute de la prière de l'islam. Christian reconnaît dans le sacrifice de son ami le signe le plus grand de l'amour, la preuve que le Dieu d'amour habite en tout homme, et plus particulièrement chez ce musulman habité par la prière.

Dès lors, il ne fait pas de doute que Mohamed est entré, mystérieusement, dans une communion des saints qui ne connaît pas les frontières des religions.

« Je connais au moins un frère très aimé, musulman convaincu, qui a donné sa vie par amour d'autrui, concrètement, dans le sang versé. Témoignage irrécusable que j'accueille comme une chance inouïe. Depuis lors en effet, je sais pouvoir fixer, au terme de mon espérance dans la communion de tous les élus avec le Christ, cet ami qui a vécu, jusque dans sa mort, le commandement unique [12]. » À partir de ce jour-là, « ce frère bien-aimé, qui a vécu jusque dans la mort l'imitation de Jésus Christ », est présent dans la vie de Christian : « Et chaque eucharistie me le rend infiniment présent, dans la réalité du Corps de gloire où le don

---

12. *In* « Chrétiens et musulmans, pour un projet commun de société », exposé aux Journées romaines, 1989, cité dans *L'invincible espérance,* p. 186.

de sa vie a pris toute sa dimension "pour moi et pour la multitude [13]". » Le sacrifice de Mohamed, longtemps gardé secret pour mieux le méditer, constitue pourtant dans la vie de Christian de Chergé une expérience fondatrice à partir de laquelle il élabore petit à petit une théologie de la rencontre. Cet événement est une source inépuisable d'espérance.

C'est en pensant à Mohamed, le « frère bien-aimé », qu'il écrit dans son testament : « L'Algérie pour moi, c'est autre chose [que l'islamisme], c'est un corps et une âme » et qu'il associe les « amis d'hier » aux « amis d'aujourd'hui », aux « frères et sœurs », et jusqu'au dernier, celui par qui il recevra la mort, « l'ami de la dernière minute ». Mohamed a donné sa vie « pour moi et pour la multitude ». Christian inclut ce frère non chrétien dans sa théologie du salut. En 1983, dans le même article, Mohamed est appelé « l'ami parti devant ». Il est pour Christian témoin de la présence du Christ chez des musulmans qui pratiquent et vivent l'islam du cœur. « Aussi, quand il m'arrive de constater ou d'endurer certaines formes de sectarisme – et il en existe, c'est vrai, dans le milieu musulman, je cherche ailleurs l'*islam des cœurs,* du côté de l'ami parti devant, et de tant d'autres qui ont eu ou conservent le même visage pur et exigeant. Et quand certains d'entre eux me considèrent comme l'un des leurs, je ne m'étonne pas de les sentir alors si proches de Celui qui s'est fait pour moi Chemin, Vérité et Vie. »

Christian de Chergé a rencontré dans l'islam un homme qui a donné sa vie pour lui. Cela lui suffit. Mohamed l'a précédé et lui indique une direction. Sa dette envers l'ami algérien est spirituelle. Il a reçu des dons spirituels de l'Algérie. L'ami est devenu un frère. Il devra témoigner de

---

13. *In* « Courrier des lecteurs » de la revue *Tychique,* nº 42, 1983, p. 52.

cette fraternité en acceptant une réciprocité de l'amitié et de l'hospitalité spirituelle. Cette expérience intérieure peut être rapprochée de celle vécue à Damiette par saint François d'Assise, qui se rend à la rencontre du sultan Al-Malik al-Kâmil en juillet 1219, en pleine guerre des croisades, en traversant, les mains nues, les lignes ennemies. Contre toute attente, le sultan ne passe pas le moine chrétien au fil de l'épée et, contre toute attente, François d'Assise revient lui-même converti par cette rencontre. Il découvre que ces frères ennemis sont des priants. Plus tard, saint François recommandera à ses frères de retourner vivre fraternellement au milieu des Sarrazins, soit en toute gratuité, soit pour annoncer la parole de Dieu, mais seulement « lorsqu'ils voient que cela plaît au Seigneur [14] ». Dans le premier cas, il ne s'agit pas de convertir, mais de vivre ensemble, dans la louange, à l'écoute de ce que d'autres croyants peuvent dire de Dieu. On est au XIIIe siècle !

De retour à Paris dans les premiers jours de 1961, au terme de ses dix-huit mois de service en Algérie, Christian replonge brutalement dans la réalité studieuse et feutrée du séminaire des Carmes. Il faut rattraper en cinq mois une année scolaire de théologie ! L'Algérie est une brûlure dont il est difficile de parler dans le climat parisien. Seul le père Henri Cazelles, son directeur spirituel, est mis dans la confidence du désir qui l'habite désormais : retourner vivre en Algérie une vie de prière dans une communauté monastique.

La famille de Chergé est personnellement très affectée par la situation algérienne. Le général Guy de Chergé, le père de Christian, vit de Paris le putsch des généraux d'avril 1961.

---

14. Voir le livre de Gwenolé Jeusset, *Rencontre sur l'autre rive*, Éditions francis-caines, 1996, p. 85 et s.

Il est troublé, car il a de l'estime pour le général Zeller, l'un des quatre putschistes. Profondément légitimiste, lui-même ne prend aucune part au soulèvement d'Alger. Pourtant, il fera partie de la liste des militaires sanctionnés à la suite du putsch et restera une année sans poste. Réhabilité après un recours en conseil d'État, Guy de Chergé ne s'est jamais remis de l'injustice dont il a été victime. Il souffre, à partir de 1961, de très douloureuses crises de profond abattement.

Au séminaire, Christian de Chergé s'est mis à apprendre l'arabe, en complément d'études théologiques très denses. Il lit le Coran. « Cela ne nous a pas surpris, note Xavier Lerolle. Nous étions tous marqués par l'Algérie. »

L'indépendance de l'Algérie, le 4 juillet 1962, marquée par l'exode tragique des pieds-noirs, n'entame en rien le désir de Christian. L'archevêque d'Alger, Mgr Duval, appelle des chrétiens à venir participer, dans une coopération désintéressée, au développement de l'Algérie. « L'Esprit saint n'est pas prisonnier des frontières de l'Église. Il est répandu partout dans le monde. Il est présent dans toutes les consciences humaines, dans les cultures et la vie spirituelle des peuples... » Christian de Chergé se reconnaît dans cette Église aspirant à la réconciliation et à la rencontre.

Dans le Moyen Atlas marocain, à Azrou, un monastère de bénédictins, Toumliline, organise depuis l'indépendance du Maroc des rencontres islamo-chrétiennes de grande renommée. Dans les années 60, la formule, plus modeste, s'adresse surtout à des étudiants marocains. Georges Hourdin, René Rémond, Éva de Vitray-Meyerovitch et d'autres universitaires y dispensent des conférences de vie sociale, morale, politique ou spirituelle. Deux étés de suite, en 1961 et 1962, Christian participe à l'animation de ces sessions. Il découvre une communauté bénédictine qui s'est donné une mission de relation humaniste avec des élites marocaines. Sans doute se confirme à Toumliline la détermination de Christian de revenir en terre d'islam, pour y mêler une prière monastique chrétienne à la prière des musulmans, mais dans un cadre plus dépouillé et moins intellectuel que celui de ce grand couvent qui fermera en 1968.

Les séminaristes suivent avec attention les travaux du concile Vatican II qui s'est ouvert à Rome le 11 octobre 1962. Mgr Blanchet, le recteur de l'Institut catholique, leur donne régulièrement des échos des travaux de Rome. Christian jubile. L'Église a besoin d'être présente au monde et à l'Esprit pour être vraiment témoin de l'Évangile. Il ne cache pas son impatience de voir ce renouveau s'inscrire dans la réalité du témoignage de l'Église...

Le 21 mars 1964, Christian est ordonné prêtre en l'église Saint-Sulpice de Paris. Avec Christian et son ami Joseph Choné, ils sont neuf ordonnés le même jour. L'église est archicomble, la cérémonie solennelle, interminable pour les plus jeunes frères et sœurs. Ces prêtres font partie de la dernière génération des vocations nombreuses [15]. Elle sera aussi une des plus touchées par la formidable remise en cause des années 70. Un prêtre sur six parmi les ordonnés de 1960 à 1964 et presque le quart des ordonnés de 1965 à 1969 quitteront le ministère. Ces hommes qui se veulent au service des hommes et de l'Église dans le monde, en ce mois de mars 1964, sont des aventuriers de Dieu.

Sur sa carte d'ordination, Christian a imprimé une phrase des lamentations du prophète Jérémie : « Ils ont demandé du pain, et personne pour le partager. »

---

15. Cette année-là, 611 prêtres sont ordonnés en France et seulement 285 six ans plus tard en 1970, 133 en 1990.

IV

De Montmartre à la trappe

« Mes frères en humanité. »

1964-1969 : La confirmation d'un appel monastique

Le 22 mars, Christian de Chergé dit sa première messe à Saint-Philippe du Roule, la paroisse familiale. « Quand Christian célébrait, se souvient un de ses frères, on avait toujours l'impression d'entendre la messe pour la première fois. Il avait l'art de faire surgir les paroles de la liturgie que nous avions mille fois écoutées. » Devant sa famille et ses amis, il prononce, à vingt-sept ans, un premier sermon qui est une consécration sans condition au Christ et un engagement à une fraternité englobant sa famille, ses amis et une multitude de frères plus lointains.

« Frères très chers,

Je voudrais, au terme de cette action de grâce chantée en commun, vous regrouper tous sous ce titre unique ; en effet, j'ai eu suffisamment de frères selon la chair pour savoir tous les traits communs, la fidélité, l'affection tout à la fois directe et respectueuse de chacun que ce terme regroupe au sein d'une même famille.

Aujourd'hui, la famille s'est agrandie, tout simplement, et vous réunit tous, vous qui m'êtes unis par des liens divers et parfois cumulés, ceux d'une même vocation ou du sang, ceux de l'amitié, ceux d'une même communauté d'Église. En offrant pour la première fois, à toutes vos intentions, le sacrifice du Christ, j'ai mieux compris que ce n'est pas en vain que le Christ s'est dit, s'est fait mon frère ; désormais, ce n'est pas en vain que je pourrai, que je devrai vous dire mes frères, vous aimer comme tels !

[...] Ainsi, au centre même de son ministère sacramentel, c'est vraiment la Parole de Dieu que le prêtre annonce... cette Parole, il en a reçu la charge... elle doit parvenir au monde dans sa pureté originelle, sans déformations ni compromissions... Comment ? "Imitez ce que vous prêchez, croyez, vivez ce que vous enseignez !" C'est là ce que l'Église dit aux nouveaux ordonnés ; c'est vraiment toute leur vie qui doit être pain partagé pour que les hommes connaissent le salut : "Soyez parfaits, comme votre Père céleste est parfait." » Demandons-lui d'être plus dociles, plus limpides, pour que ce Pain dont le monde a faim ne soit pas sollicité en vain ; que dans le fracas, la dispersion et l'isolement de ce siècle, nous sachions, prêtres et laïcs, entendre, chacun à notre place, l'appel de ceux que nous côtoyons [...].

Au moment où nous sommes peut-être tentés de désespérer, il se trouvera quelqu'un pour saisir en notre vie un reflet de cet Amour dont Dieu nous aime et pour chercher à en vivre avec nous. Alors, notre action de grâces aura porté ses fruits, et la famille dispersée à nouveau s'aggrandira dans la joie de la vie [...]. »

Écrit de l'écriture ronde et fine qui se rétrécira au fil des années sans rien perdre de sa régularité maîtrisée, le premier sermon a été glissé par Mme de Chergé dans un album de photos consacré à Christian.

Trente ans plus tard, on est saisi par la continuité des thèmes, du premier sermon de Christian de Chergé à son À-Dieu. À vingt-sept ans, le jeune prêtre est habité par une mission impérieuse, « partager le pain de la charité » à ses « frères en humanité ». Le programme s'enracine dans une théologie concrète de l'Incarnation de l'amour de Dieu.

En juin 1964, une fois passés les derniers examens de théologie, Christian reçoit sa première nomination officielle : chapelain à la basilique du Sacré-Cœur de Montmartre et directeur de la petite école de la maîtrise qui lui est rattachée ! Lui qui rêve de pauvreté et de contemplation, le voilà embauché au Sacré-Cœur de Montmartre, un diocèse dans le diocèse, une grande entreprise de formation, de confessions, de messes solennelles, mouvements et pèlerinages, sur laquelle règne en grand patron l'impétueux Mgr Charles. Une confidence dans une lettre à Vincent Desprez laisse deviner la déception de servir sous l'autorité du « "diable d'homme" que la Providence m'a donné comme supérieur malgré les vieilles préventions que j'avais montrées à son égard lorsque j'étais en âge de militer sous sa "bannière" au centre Richelieu ».

Christian rêve d'une Église pauvre et fraternelle. Il va devoir coopérer à une entreprise au service de la grandeur de l'Église. En réalité, à la sortie du séminaire, Christian est déjà assez sûr de sa vocation monastique, et déterminé à retourner en Algérie. Mgr Veuillot, l'archevêque-coadjuteur de Paris, ne s'y est pas opposé, mais il a demandé à Christian de donner auparavant cinq ans au diocèse de Paris. Le père Tollu, le directeur spirituel de Christian, est dans la confidence : « Il était polarisé par l'Algérie, il a accepté Montmartre par obéissance, mais il en a souffert. Mgr Charles était une personnalité extrêmement forte. » Quitte à servir à Paris, Christian aurait aimé une de ces paroisses populaires où le « pain manque ». Il confie sa déception à l'archevêque de Paris : « Ainsi, je contemplerai tous les jours du haut de la colline de Montmartre le diocèse où j'aurais aimé servir. » Avec humour, Christian annonce sa nomination à Jacques et Majo Delage : « Le 27 juin, je recevais ma première obédience, inattendue et un peu préoccupante, il faut bien l'avouer ! Si vous imaginiez les chapelains de la basilique du Sacré-Cœur de Montmartre avec un âge et une bedaine raisonnables, il faudra désormais vous détromper... L'arche-vêché a décidé de faire un essai en y envoyant un jeune, et le sort tomba sur... Me voici à la tête d'une école (espèce de maîtrise allant de la 8e à la seconde) dans une basilique où les ministères de la prédication et de la pénitence sont surchargés : quand vous saurez que nous dirigeons également tous les pèlerinages officiels du diocèse, vous comprendrez que le chômage ne menace guère. J'ai, au reste, pu m'en rendre compte en prenant mes consignes et en participant au pèlerinage de Lourdes... Si vous avez entendu parler de Mrg Charles, vous devez savoir que tout n'est pas toujours facile... J'aurai à faire preuve d'un très mauvais caractère... » [1]

Christian de Chergé souffre du peu de temps laissé dans ce ministère pour la contemplation. « Aucun jeune prêtre n'a été soumis à pareil engrenage de prédications et de confessions, venant s'imbriquer dans des fonctions pour le moins complexes de directeur d'école [...] les ennuis ne manquent pas, mais les joies non plus ! », écrit-il en 1965 à Jacques Delage.

---

1. Lettre à Jacques et Majo Delage, 21 juillet 1964

C'est Mgr Charles qui a fait appeler Christian, dont il a remarqué les qualités de cérémoniaire. L'abbé a fait de la basilique du Sacré-Cœur de Montmartre un centre spirituel à la fois dynamique et traditionnel. Christian est mal à l'aise avec le faste de longues célébrations liturgiques qu'il s'efforce d'humaniser. En plein Vatican II, il souffre des positions devenues conservatrices de Mgr Charles, que les orientations du Concile déroutent. Christian a au contraire une vision d'une Église en dialogue, pauvre et servante. À l'opposé du père Charles, un ecclésiastique sûr de ses prérogatives, autoritaire et cassant, le pouvoir des clercs ne l'intéresse pas.

Les occasions de heurts ne manquent pas. Mgr Charles a beaucoup d'estime pour ce jeune prêtre, intelligent et profond, qui sait lui tenir tête. C'est le seul de ses vicaires qu'il n'appelle pas par son prénom. « Monsieur de Chergé », dit-il. Un jour, au cours d'une cérémonie, Christian s'approche du père Charles pour lui demander : « Le cérémoniaire, c'est vous ou c'est moi ? » Le père Charles laisse alors son chapelain diriger. « Je suis allé voir Christian à Montmartre, se souvient Claude Bressolette. Son ministère a été une sorte d'épreuve. Il souffrait beaucoup sans le dire, et gardait son sourire qui devait exaspérer Mgr Charles. »

À Montmartre, Christian loge dans un appartement de la cité du Sacré-Cœur qu'il partage avec deux autres jeunes prêtres, chapelains de la basilique comme lui, Georges Kowalski et Michel Mombert.

Tard le soir, les trois jeunes prêtres se retrouvent autour d'un café, liés par une amitié que resserre une communauté de vues sur les orientations de l'Église. Le père Mombert se souvient de la qualité des attentions de Christian, de sa courtoisie et de sa grande discrétion. L'abbé de Chergé ne parle pas de l'Algérie. Mais il médite les textes du Concile, qui vient de s'achever le 8 décembre 1965. Et particulièrement la constitution *Gaudium et spes* sur l'Église dans le monde. L'action de l'Esprit saint est universelle et nul ne peut *a priori* être exclu du salut, affirment les pères conciliaires. « En effet, puisque le Christ est mort pour tous et que la vocation dernière de l'homme est réellement unique, à savoir divine, nous devons tenir que l'Esprit saint offre à tous, d'une façon que Dieu connaît, la possibilité d'être associé au mystère pascal » (GS, n° 22). Vatican II offre à Christian des fondations pour poursuivre sa propre méditation sur la participation de son ami musulman au mystère pascal. Il se réjouit de la déclaration du Concile sur les relations avec les religions non chrétiennes : « L'Église regarde aussi avec estime les musulmans, qui adorent le Dieu Un, vivant et subsistant, miséricordieux et tout-puissant, créateur du ciel et de la terre, qui a parlé aux hommes. [...] Si, au cours des siècles, de nombreuses dissensions et inimitiés se sont manifestées entre les chrétiens et les musulmans, le Concile les exhorte tous à oublier le passé et à s'efforcer sincèrement à la compréhension mutuelle. [...] » (*Nostra Aetate*, 3). C'est une ouverture. Tout reste à vivre.

Mais il faut patienter.

Christian éprouve beaucoup de joie dans sa responsabilité de directeur de la petite école de la maîtrise rattachée à la basilique : « Près de cent vingt élèves bientôt, avec tous les problèmes de chaque âge, mais aussi la joie de voir réussir une expérience d'enseignement où l'option chrétienne est première : je me convertis moi-même [2]... »

Pendant cinq années scolaires, de 1964 à 1968, il donne à

---

2. Lettre à Vincent Desprez, 1966.

la maîtrise une impulsion qui assoit la réputation de qualité académique et éducative de l'école. Un de ses anciens élèves en 5e et 4e se souvient de Christian de Chergé, « grand, maigre, habillé tout de noir, en col romain, un front haut, une glotte proéminente, des yeux extrêmement vifs et présents, un sourire. Il émanait de cet homme une force spirituelle, il était habité par une vie intérieure et une foi ardentes, une grande ferveur. » Un jeune cousin de Christian, Guillaume de Chergé, fait partie des élèves. « Il me semblait très grand, maigre, il avait une stature, une autorité toujours bienveillante. Lorsqu'il apparaissait, trois ou quatre fois dans l'année, sur la terrasse au-dessus des élèves en rangs dans la cour, le silence se faisait immédiat. On était pétrifiés. C'était inouï. Je n'ai jamais connu cela dans l'armée », rapporte Guillaume, devenu saint-cyrien. Le directeur de la maîtrise est un pédagogue qui sait reconnaître les talents parfois cachés.

« Pour l'élève moyen que j'étais, reconnaît Philippe Mazé, actuellement maître de chapelle à l'église de la Madeleine à Paris, ce directeur a été une bouée de sauvetage. Il savait mettre le doigt où l'être humain va s'épanouir le plus. Christian a mis au jour en moi des dons de musicien que je ne connaissais pas. » Le jeune abbé enseigne un catéchisme en lien avec la vie : « Un fait divers nous avait marqués. Un garçon de notre âge avait été retrouvé enterré par un de ses copains. "Prions pour ceux qui se gavent de faits divers", avait demandé Christian de Chergé. Nous étions tous remis à notre juste place. »

Tous les ans, la maîtrise organise un camp de ski en Suisse. Christian entraîne les enfants dans de longues randonnées, à la limite de l'exploit. Il aime célébrer l'eucharistie dans la nature. Une photo de l'hiver 1965 le montre, vêtu des ornements sacerdotaux violets, distribuant la

communion aux enfants dans un champ en partie enneigé.
Ils ont construit une croix en bois. Un instant auparavant, les
collégiens s'étaient jetés dans la neige vierge, imprimant la
marque de leur corps. Christian reprend l'image, lui donne
un sens spirituel. L'un de ses thèmes de méditation favoris
est celui du visage. Le visage de l'homme est malléable. Pour
ressembler au Christ, explique-t-il aux enfants, il suffit de
regarder longuement celui à qui l'on veut ressembler.

Tous les étés, de 1964 à 1969, Christian accompagne les
pèlerinages diocésains en Terre sainte. Mgr Charles voit
grand. Des centaines de pèlerins de tous âges prennent place
à bord de bateaux israéliens affrétés pour le pèlerinage.
Christian a la responsabilité d'un groupe d'une dizaine de
jeunes pèlerins. Un de ses sites préférés est la fontaine de
Siloé, où Jésus, redonnant vue à l'aveugle, annonce qu'il est
la lumière du monde [3].

Sa famille est essentielle pour Christian de Chergé. Ses
frères et sœurs ont découvert qu'il avait réservé à chacun
d'eux dans sa prière un des sept jours de la semaine.

Cette communion s'exprime plus intensément lors des
épreuves familiales. En novembre 1968, son frère Hubert est
victime d'un terrible accident de voiture avec sa femme
Marie-Brigitte et leurs deux jeunes enfants. Alors à
Montmartre, Christian est très présent. Lorsque sa jeune
belle-sœur décède, le 3 décembre, à l'hôpital d'Amiens, c'est
lui qui célèbre la messe. C'est encore lui qui célébrera, des
années plus tard, la messe des funérailles de sa nièce Cécile
décédée à quatorze ans en 1986 ; il s'adresse à l'enfant en
lui prêtant ses mots, elle qui, handicapée, n'avait jamais pu
communiquer par la parole.

---

3. Jean 9.

À la fin du mois de juin 1969, Christine Pelistrandi, qui enseigne à la maîtrise, voit avec stupeur Christian vider les rayonnages de son bureau et donner ses livres. « Je me fais moine. La vocation monastique, c'est comme le mariage, une vraie vocation, l'union au Christ. »

Ses amis ignorent aussi l'orientation de Christian. Xavier Lerolle travaille en bas de la Butte, dans le quartier de Pigalle. « Plusieurs fois, nous nous retrouvions. Moi, en bas, avec les blousons noirs, j'étais très agressé, lui évoluait dans son milieu protégé qu'il a beaucoup fait évoluer. Je lui disais : "Qu'est-ce que tu fais là-haut ?" Il gardait son sourire. Je ne comprenais pas cette obéissance contre nature. Son côté ecclésiastique, obéissant, m'énervait. Il était trop bien. Je rêvais de trouver une relation avec les jeunes en crise, de quitter les paroisses, de prendre une chambre en ville pour trouver les jeunes là où ils sont. Il m'écoutait profondément. Il savait bien que pour rejoindre les gens il faut partager leur vie. Un jour, je suis monté à Montmartre, je voulais l'engueuler. Il m'a répondu : "Je suis d'accord avec toi, je pars en Algérie. Je me fais moine à la trappe pour aller prier avec les musulmans." »

V

FRÈRE CHRISTIAN

« Ma plus lancinante curiosité »

Septembre 1969 : Noviciat à Notre-Dame d'Aiguebelle.
1971 : Notre-Dame-de-l'Atlas
1972-1974 : Rome

À Montmartre, la vocation monastique de Christian de Chergé, entrevue en Algérie, s'est confirmée. Le jeune prêtre, apprécié de ses élèves, promis à une belle carrière dans l'Église de Paris, a dû livrer un rude combat pour quitter un apostolat où il réussit parfaitement. En s'engageant dans la vie contemplative en Algérie, il s'impose un double exode, qu'il qualifie lui-même de « contre nature ». Il se met en route pour le pays qui vient de se libérer de la tutelle de la France. Il part à la rencontre des musulmans sur leur chemin vers Dieu. Peu de chrétiens, et encore moins de moines, empruntent alors le chemin d'une rencontre spirituelle avec les musulmans. Vatican II vient seulement d'ouvrir les portes de l'Église en reconnaissant que « l'Église catholique ne rejette rien de ce qui est vrai et saint dans [les grandes religions]. Elle considère avec un respect sincère ces manières d'agir et de vivre, ces règles et ces doctrines qui, quoiqu'elles diffèrent en beaucoup de points de ce qu'elle-même tient et propose, cependant apportent souvent un rayon de la vérité qui illumine tous les hommes » [1]. La pensée de son ami garde champêtre ne l'a jamais quitté. Une « lancinante question » l'habite désormais : comment l'islam participe-t-il au dessein d'amour de Dieu pour tous les peuples ? Pour vivre aux côtés des croyants musulmans une histoire sainte, il lui faut donc lui-même jour après jour « tendre vers cet Océan qui est Dieu à la source même de notre Être » [2].

Une confidence faite à des amis chrétiens en Algérie dix ans plus tard laisse percevoir le combat intérieur auquel s'est livré Christian dans ses premières années de sacerdoce au Sacré-Cœur de Montmartre : « C'est un acte de foi que j'ai eu à faire pour répondre à l'appel monastique. Je me suis alors débattu... je me suis aussi battu contre ce lien avec l'islam qui se proposait à moi à la fois "contre nature" et "incontournable". Mon éducation, ma culture ne m'y préparaient guère. Il y avait beaucoup de "frontières" dans ma formation familiale puis théologique. Un respect réel, certes, mais qui impliquait des "frontières" et aussi des barrières... »

Un ami de séminaire, Lucien Rivaud, ordonné prêtre la même année que Christian dans le diocèse d'Avignon, lui fait connaître le monastère cistercien Notre-Dame-d'Aiguebelle dans la Drôme. Lucien est surpris par l'attrait de Christian pour la vie monastique : « Je ne m'en étais pas rendu compte au séminaire. Il n'en avait jamais parlé. »

Les trappistes appartiennent à la famille des cisterciens, du nom de l'ordre fondé à Cîteaux en 1098 par saints Robert, Albéric et Étienne. À l'école spirituelle de Bernard de Clair-

---

1. Déclaration sur les religions non chrétiennes, *Nostra Aetate*.
2. Lettre à Violaine, 25 août 1973.

vaux (1090-1153), ils suivent la règle monastique instituée par saint Benoît (vers 480-547), qui oriente toute la vie du moine sur la prière et le travail (*ora et labora*). Il existe quinze monastères trappistes en France, de Tamié, en Savoie, à Timadeuc, en Bretagne. À Montmartre, Christian a étudié la règle de saint Benoît et pris contact avec l'abbaye d'Aiguebelle. Ce vaste monastère cistercien – réputé pour sa liqueur ! –, proche de Montélimar, n'est pas le genre de couvent – trop grand, encore trop riche ! – où Christian désire enfouir sa prière. Mais Aiguebelle est la maison mère du seul monastère d'hommes contemplatifs en Algérie, Notre-Dame-de-l'Atlas, une modeste unité cistercienne perdue au cœur de l'Atlas algérien. C'est là que Christian se sent appelé.

Il entre à la trappe avec le ferme désir de mener une vie de prière contemplative en Algérie. Il veut se tenir, jour après jour, en veilleur, dans la lumière de Dieu, au côté d'autres priants.

Quitter Paris, une famille à laquelle il est attaché, pour un pays nouvellement décolonisé, c'est aussi « protester » silencieusement par une présence dénuée de pouvoir contre un système colonial qui n'a pas ouvert aux colonisés les portes du développement et de la dignité. L'abondance s'étale sur une rive de la Méditerranée. Il choisit l'autre rive. Il adopte la pauvreté qui consiste à devenir étranger, hôte, « émigré » dans le pays où trop longtemps la culture et la personnalité des habitants ont été méprisées. Un certain nombre de prêtres de sa génération, marqués par la guerre d'Algérie, ont fait le même chemin. Sans pouvoir, dans l'Algérie indépendante, ils viennent témoigner, par leur présence et leur travail d'une fraternité possible.

M. l'abbé Christian de Chergé, un homme doux, courtois,

est un contestataire, au sens des Béatitudes de l'Évangile. En
1969, entrer au couvent, n'est-ce pas un acte de contestation
radical ? « Au fond, la contestation de mai 68 [...] c'est,
fondamentalement, celle qui demeure au cœur de notre
appel : va, vends, donne... il reste bien sûr à s'enfoncer dans
l'insondable utilité : viens, suis-moi ! Il y a une brèche au
cœur de Dieu et il faut s'y engouffrer : le moine ne fait pas
la brèche, mais au lieu de se cogner la tête contre le mur, il
la cherche et la patience de ses tâtonnements est un message
d'espérance qui dissipe autour de lui la nuit dans laquelle il
continue de se débattre avec et pour les autres... », écrira-t-il
à Vincent Desprez le 22 avril 1972. Un peu plus tard, en
1974, il insiste : « [...] Le moine se veut résolument contestataire [...]. C'est dans l'insignifiance de sa vie qu'il se veut et
qu'il se sait "signe" [...]. » [3]

Pourquoi Christian n'est-il pas plutôt alors allé frapper
chez les petits frères de Jésus, qui, à la suite du père René
Voillaume, depuis 1933, mènent une vie contemplative dans
l'esprit de Charles de Foucauld pour « crier l'Évangile non
seulement par [sa] parole, mais par toute [sa] vie » ? Les
premières fraternités sont nées justement en Algérie, et d'autres se sont constituées pour vivre l'Évangile « au cœur des
masses », dans les cités prolétaires des pays occidentaux.
Christian a un grand désir d'être moine « au cœur du
monde ». Il sera très proche de la plupart des communautés
de petits frères et sœurs de Jésus qui vivent en Algérie. La
spiritualité de petite sœur Magdeleine, fondatrice des petites
sœurs de Jésus, correspond à sa recherche : « Soyez des
contemplatives tout en restant proches de vos frères, vous
mêlant à leur vie, partageant leur joie et leur souffrance, vous

---

3. « Chronique de l'espérance », in *L'invincible espérance*. 1974, p. 24.

faisant toutes à tous. » Mais ces fraternités sont minuscules (deux ou trois membres) et Christian ressent le besoin de fondre et de soutenir sa prière dans celle d'une communauté de priants. Il connaît sa fragilité, il se méfie de son tempérament absolu. La communauté lui sera un rempart contre le risque de faire cavalier seul. Il croit que la présence de moines chrétiens, dont la prière visible sept fois par jour rappelle la prière rituelle des musulmans, ouvre la porte d'une rencontre vraie avec des priants de l'islam. Sa vocation l'appelle à ne pas trop enfouir la prière chrétienne, car il veut la mêler à celle des croyants musulmans...

En juin 1969, le changement d'orientation de Christian a reçu l'accord du cardinal Marty, le nouvel archevêque de Paris, un ami de la famille de Chergé, originaire comme elle de l'Aveyron. « Votre départ n'est pas bon pour le diocèse de Paris, mais il est bon pour l'Église », commente l'évêque, l'un des rares à comprendre l'appel contemplatif de Christian. Mgr Charles entre dans une grande colère, mais doit laisser partir l'un de ses plus brillants jeunes prêtres.

Christian annonce sa décision à sa famille, stupéfaite. Monique de Chergé est bouleversée. Tout l'été, elle porte des lunettes noires pour cacher ses larmes. La clôture de la trappe, dont les Constitutions n'ont pas encore été modifiées dans l'esprit du Concile, est rigoureuse. Elle devra renoncer aux longues conversations spirituelles qu'elle entretenait avec son fils. M. de Chergé ne partage pas l'enthousiasme de son fils pour la prière de l'islam. Alors que l'Église de France vit les secousses combinées de la révolution culturelle de 1968 et de l'après-Vatican II, le départ d'un prêtre doué dans le silence d'un monastère du bled algérien lui apparaît comme un gaspillage de talents. Pour Gérard, le plus jeune frère de Christian et son filleul, l'annonce du départ de

Christian à la trappe sonne comme un « coup de tonnerre »
dans le ciel bleu. Il se plonge dans la lecture d'un petit livret
que lui a prêté Christian, qui décrit la vie monotone des
moines. Il est abasourdi : ce frère intellectuel et si peu brico-
leur, qui prononce des homélies décapantes, va se mettre
humblement au travail manuel. « Pour la première fois, je
me suis dit que je ne connaissais pas Christian. » Gérard
découvre la place que ce parrain, toujours à l'écoute, un peu
austère, tenait dans la famille.

Christian souffre que son appel monastique ne soit pas
compris comme une authentique vocation apostolique.
« Plongés dans la France de 1973 – ce qui peut être aussi
une aventure passionnante –, nous avons quelquefois du mal
à saisir toute la valeur du témoignage et de l'action que tu
as choisis », lui avouera Jacques Delage. Dans la première
« Chronique de l'espérance », la circulaire que Christian
envoie une ou deux fois par an à ses amis, il répond aux
interrogations de ses proches : « Jacques et Majo ont été de
ces parents et amis qui ont eu du mal à saisir mon "changement d'orientation". Ils s'étaient réjouis avec le prêtre ; le
moine les a pris au dépourvu, son choix les questionne. Ils
se refusent à admettre une "fuite", mais ils ressentent d'abord
comme un manque, une absence [...]. Instinctivement, on
souhaite que l'espérance elle-même se concrétise, qu'elle ait
un sourire, un regard rassurant, la chaleur d'une présence.
Mais "posséder ce qu'on espère, ce n'est plus espérer[4]". »
La vocation de Christian est placée sous le signe de l'espérance.

Est-ce une fuite ? Impensable. Les évolutions de l'Église
des années 70 lui tiennent trop à cœur. Il écrira de Rome en

---

4. « Chronique de l'espérance », 1974, in *l'Invincible espérance*, p. 26.

août 1974 : « Je sens très vivement les remises en question, les (re-)départs de certains prêtres ; et aussi ma petite expérience romaine de ces deux ans me laisse à penser que l'Esprit travaille plus volontiers à la base (il y a trop d'extincteurs à la Curie vaticane [...], pourtant, il faut bien qu'il brûle, le feu dont Jésus avait soif !) [5]. » Le feu brûlera donc, en Algérie.

Le 20 août 1969, Christian se présente au noviciat de Notre-Dame d'Aiguebelle, un monastère fondé en 1137, vastes bâtiments de pierre nichés dans des bois de chênes verts et de buis. Il y accomplit dix-huit mois de formation monastique, brûlant d'impatience d'aller vivre sous le soleil de Dieu en Algérie.

Dom Jean de la Croix, abbé d'Aiguebelle depuis 1964, un homme grand et posé, repère rapidement la richesse du jeune prêtre souriant, un peu secret, qui demande à entrer dans le silence de la trappe au lendemain d'une révolution culturelle qui a libéré la parole. Dom Jean de la Croix a la responsabilité des six fondations d'Aiguebelle : Sainte-Marie-du-Désert, Notre-Dame des Dombes, Notre-Dame-des-Neiges, Bonnecombe, en France ; Koutaba au Cameroun, et Notre-Dame-de-l'Atlas en Algérie. Cette dernière maison fille d'Aiguebelle lui cause beaucoup de souci. Son avenir, avec une dizaine de moines âgés venus de quatre monastères différents, est incertain. Lorsqu'il voit entrer dans son bureau, le 20 août 1969, ce prêtre jeune, svelte et distingué, qui brûle de devenir trappiste en Algérie, dom Jean de la Croix pressent qu'il s'agit là d'une recrue providentielle. L'itinéraire de ce candidat est exceptionnel. Doté d'une formation théologique extrêmement solide acquise auprès

---

5. Lettres à Jacques et Majo, 25 août 1974.

des meilleurs professeurs à la catho de Paris, il a vécu à
Paris les événements de 1968. Directeur d'école, il est un
pédagogue doué. Après cinq ans de confessions au Sacré-
Cœur de Montmartre, il n'ignore rien des turpitudes de l'âme
humaine. Et il a du tempérament ! Christian de Chergé
annonce clairement : « Je veux bien accomplir une partie de
mon noviciat à Aiguebelle, mais je ferai profession en
Algérie. » La règle des cisterciens de la stricte observance,
les trappistes, veut que le moine s'engage à demeurer dans
sa trappe d'origine, celle de son noviciat, par un vœu de
stabilité. Notre-Dame-de-l'Atlas n'est pas une abbaye autonome, et les moines sont trop peu nombreux pour former un
novice. Quant à faire vœu de stabilité en Algérie, où la
présence du monastère semble précaire... L'abbé d'Aiguebelle accepte pourtant le marché, devant la détermination de
ce novice peu ordinaire. Christian de Chergé est le premier,
depuis 1952, à demander à faire vœu de stabilité en Algérie.

L'abbé d'Aiguebelle a très rapidement l'intuition que Christian de Chergé devra devenir le supérieur de la communauté
en Algérie. Père Gérard, le maître des novices, est impressionné par la qualité de ce novice de sept ans son cadet : « Il
tranchait par ses dons intellectuels et spirituels. Il était habité
par le désir d'un don profond, total au Christ, dans la prière
contemplative. » Prenant l'habit blanc des novices le 3 octobre
1969, frère Christian semble se couler sans difficulté dans la
vie monastique silencieuse, rythmée par les sept offices, de
quatre heures du matin, vigiles, à complies, 20 heures. Une
dizaine d'heures sont consacrées chaque jour à la prière,
partagées entre les offices et la lecture biblique ou d'auteurs
spirituels, la *lectio divina*. Les travaux manuels, à la cuisine
ou au jardin occupent six autres heures. Les Constitutions de
l'ordre décrivent le parcours spirituel auquel est invité le

moine : « Par la parole de Dieu, les moines sont formés à une maîtrise du cœur et de l'action qui leur permet en obéissant à l'Esprit d'atteindre à la pureté du cœur et au souvenir incessant de la présence de Dieu [...]. Les moines suivent les traces de ceux qui dans les siècles passés ont été appelés par Dieu au combat spirituel dans le désert. Citoyens des Cieux ils se rendent étrangers aux manières du monde. Ils renoncent à eux-mêmes pour suivre le Christ. Par l'humilité et l'obéissance, ils luttent contre l'orgueil et la révolte du péché. Dans la simplicité et le travail, ils sont en quête de la béatitude promise aux pauvres. Par leur hospitalité empressée ils partagent la paix et l'espérance que donne le Christ, avec ceux qui, comme eux, sont en marche [...]. Le monastère est figure du mystère de l'Église [...]. »

Les novices réalisent une étude sur « La prière et l'homme contemporain » à laquelle Christian, habitué aux synthèses universitaires, prend une part active. La recension des ouvrages sur la prière porte la marque de Christian de Chergé, son souci d'ancrer la prière dans le monde contemporain en pleine révolution spirituelle. Le père Voillaume, la philosophe Madeleine Delbrêl, le père Caffarel, Michel Quoist, Karl Rahner, Gustave Thibon, le trappiste américain Thomas Merton, et des dizaines d'autres auteurs contemporains figurent sur la liste des ouvrages travaillés. Au premier rang des « maîtres spirituels qui parlent à notre temps », les novices citent sainte Thérèse de l'Enfant Jésus, à qui Christian confiera sa profession solennelle et Charles de Foucauld, un précurseur de prière en Algérie...

Dans les notes prises par Christian sur la prière, quelques remarques personnelles : « On ne prie pas pour se nourrir et repartir plus fort, mais on prie pour rencontrer le Bien-Aimé. » « Les vrais moines [...], une voie qui est bénévole, sans contrepartie [...], les vrais moines sont libres et prient dans la plus grande liberté. Ils ont l'humour des sages de l'humanité. » « L'apôtre d'aujourd'hui a l'audace de se jeter aux cœurs des réalités de chair et de sang de notre monde [...] de prier pour l'Inde et la Chine [...] de prier aujourd'hui les psaumes comme peuvent les lire et les comprendre les hommes et les femmes qui vivent en Inde ou au Brésil [...] où l'on souffre de la faim, de la guerre, où Dieu est absent [...]. » Christian trace sa voie, heureux et impatient.

Le 4 octobre 1970, il écrit à son ami Vincent Desprez, moine bénédictin à l'abbaye de Ligugé : « Après un an accompli de noviciat, il me faut reconnaître à la fois une très grande paix intérieure et une insatisfaction quant à l'équilibre monastique actuel et à la façon dont nous accueillons les besoins et appels authentiquement spirituels de nos contemporains ; il y a une certaine présence au monde qui doit faire de nos monastères des havres de prière, mais cette "ouverture" à sens unique en quelque sorte, est terriblement exigeante et trop souvent nous croyons qu'elle nous appelle à "sortir" plutôt qu'à "laisser entrer". Je dois reconnaître que la liturgie d'Aiguebelle et son hospitalité – assez largement ouverte aux foyers par exemple – ont fait en ce sens de très gros progrès [...] il nous reste à devenir des "hommes de prière", à n'être plus que cela, et c'est cette évidence qui, en me donnant ainsi un objectif "à très long terme", suffit sans doute à me faire goûter la paix qui n'attend que de Jésus seul ce qu'il sait ne pouvoir trouver en aucune société, en aucun cadre, fussent-ils monastiques ! Une fois ce lien bien établi, le dit cadre et la dite communauté demeurent indispensables comme révélateurs, au jour le jour, de nos propres insuffisances, et on découvre en soi toutes les composantes de cette tiédeur dont nous parlions ensemble en déplorant qu'elle affecte tant toutes les structures monastiques [...].

Peut-être auras-tu compris à travers cette rapide évocation mon étonnement du bonheur que j'ai trouvé ici. [...] Reste à y être fidèle en le recevant tout entier sans rien s'en attribuer, sans chercher à le retenir [...]. Bonne expérience donc, avant la vie plus dépouillée qui m'attend à Notre-Dame-de-l'Atlas – près de Médéa – en janvier prochain[6]. » Christian de Chergé ne connaît ni le lieu ni la communauté à laquelle il entend se lier pour toujours. En 1976, il écrira au moment de sa profession solennelle : « Ce monastère est comme la fiancée de mon choix, imparfait mais unique. »

Notre-Dame-de-l'Atlas ! Enfin... Le 15 janvier 1971, à trois jours de ses trente-quatre ans, Christian de Chergé aborde en « nomade de Dieu » la terre algérienne qu'il avait quittée dix ans plus tôt en tenue de militaire. Il revient désarmé, en homme de prière, accomplir une promesse qu'il s'est lui-même faite à la mort de Mohamed : devenir priant au milieu d'autres priants, « témoigner que la paix entre les peuples est un don de Dieu fait aux hommes de tout lieu et tout jour[7] ».

Le monastère, une ancienne ferme viticole du milieu du XIXe siècle, s'accroche aux contreforts de l'Atlas, à six kilomètres de Médéa, une ville sainte pour l'islam algérien. Un bus monte huit fois par jour de la ville la route pierreuse qui serpente jusqu'au monastère à travers bois de chênes verts et buissons d'arbousiers. Ses bâtiments ocre s'harmonisent avec la couleur du sol aride, mais tranchent par leur taille avec les

---

6. Lettre à Vincent Desprez, 4 octobre 1970.
7. Brochure d'accueil de l'hôtellerie de Tibhirine, écrite par Christian de Chergé.

modestes maisons de la *mechta* voisine. Un muret de pierre trace une clôture bien légère autour du monastère.

Le silence est troué par des cris d'enfants, des bêlements de chèvres. De la terrasse, la vue des montagnes Mouzaïa, bleutées les matins d'hiver avec des filets de brouillard accrochés aux crêtes, pourpres en fin de journée, invite à la contemplation. C'est un paysage sublime, brut, sans apprêt, austère en hiver.

Au-dessus du monastère, sur le rocher dit d'Abd el-Kader – l'émir y avait installé son quartier général pour lutter contre les soldats du général Bugeaud –, une grande statue de la Vierge domine le paysage. Elle vient de Staoueli, la première trappe fondée en Algérie en 1843, et fermée en 1904. Des femmes musulmanes viennent parfois déposer des fleurs à « Meriem », car la mère de Jésus est vénérée par les musulmans.

Christian de Chergé est séduit par la majesté du lieu, son silence et la présence des paysans du village voisin dont il vient se faire proche. Le monastère, « un grand building parfaitement inopportun et vestige des erreurs d'une autre époque [8] », lui paraît démesurément grand pour la dizaine de moines qui y vivent. Mais on ne peut pas faire table rase du passé. Pour vivre « l'aujourd'hui de Dieu », il faut accepter les ambiguïtés de l'histoire. Celle des cisterciens en Algérie rejoint celle, mouvementée, passionnelle, de la France et de l'Algérie.

Un premier monastère avait été fondé par les cisterciens d'Aiguebelle, treize ans après la conquête de l'Algérie, en 1843, à Staoueli, dans la plaine d'Alger. Les moines y avaient défriché vaillamment une terre ingrate, convaincus

---

8. Lettre à Jacques Delage, 1974.

de participer à l'œuvre de civilisation de la France en Algérie par « l'épée, la charrue et la croix ». La communauté a compté jusqu'à cent moines ! Le père Charles de Foucauld, frère Marie Albéric, venu de la trappe de Notre-Dame-des-Neiges, a séjourné à Staoueli en 1896 et en 1901. Mais en 1904, le quatrième abbé de Staoueli décidait la fermeture du monastère, par crainte des conséquences des lois antireligieuses de 1901. L'absence des cisterciens en Algérie durerait trente ans.

En 1934, à la demande de trappistes fuyant la Slovénie, la trappe d'Aiguebelle fondait un nouveau monastère en Algérie. Quatre moines slovènes et six volontaires d'Aiguebelle s'installaient, le 7 mars 1938, au domaine de Tibhirine, dans le site sauvage et grandiose de l'Atlas. *Ti-bhirine* signifie en berbère « les jardins potagers ». C'est une ferme viticole de 374 hectares, bâtie par des colons anglais, une grosse maison de maître à laquelle les moines accolent un cloître et un grand bâtiment. Le monastère Notre-Dame-de-l'Atlas prend rang d'abbaye en 1947 et compte jusqu'à trente-six moines. À partir de 1947, les villageois des environs se pressent à la consultation d'un nouveau moine, frère Luc, qui est médecin... Pourtant, le nombre des religieux diminue. Ils ne sont plus que vingt-six à la veille de la guerre d'indépendance. Le monastère traverse sans trop de mal ces années troublées, malgré l'enlèvement de deux moines, frère Luc et frère Matthieu, par des maquisards de l'ALN (Armée de libération nationale)... qui les libèrent quelques jours plus tard en s'apercevant que le médecin a soigné leurs blessés. À l'indépendance, le *wali* (préfet) de Médéa, un ancien officier de l'ALN qui connaît les services rendus par les moines à la population, souhaite que le monastère demeure sur place. Les « marabouts » chrétiens inspirent crainte et respect à la population des environs, dotée d'une foi simple et marquée par des conceptions magiques très anciennes. Un homme des environs se souvient qu'on lui a dit, enfant : « Ferme la bouche en passant devant le monastère, ou tu perdras tes dents. »

À l'indépendance, à la suite de la majorité des chrétiens d'Algérie, la plupart des moines, d'esprit encore très « métropolitain », sont retournés en France. En novembre 1963, les quelques moines encore accrochés dans le djebel, à la tête d'une exploitation trop vaste, sont résignés au départ. Les monastères cisterciens sont normalement situés là où la présence d'une communauté chrétienne permet de recruter sur place des religieux. L'Algérie s'étant vidée de sa population chrétienne, ce n'est plus le cas. L'abbé général des cisterciens, dom Gabriel Sortais, a donc décidé la fermeture de Tibhirine. Mais c'est sans compter avec l'archevêque visionnaire d'Alger, Léon-Étienne Duval, pour qui l'Église a plus que jamais sa place en Algérie, dans le respect de la tradition spirituelle du pays, l'islam. Pour vivre leur mission d'amitié et de solidarité avec le peuple algérien, les chrétiens ont besoin du soutien de communautés de contemplatifs. Dans les couloirs du Concile, à Rome, il proteste avec une grande vigueur auprès de dom Sortais contre le décret de fermeture de Notre-Dame-de-l'Atlas. Le soir même, l'abbé général décède, victime d'une crise cardiaque. Mgr Duval dira plus tard avec humour : « J'ai tué l'abbé général des trappistes. » Les événements ne sont évidemment pas liés, et l'archevêque d'Alger ne s'est pas réjoui de la mort du moine, mais Notre-Dame-de-l'Atlas est sauvée. Pourtant, aucun monastère n'est prêt à reprendre un couvent si singulier, qui ne compte plus que quatre moines dans des murs trop grands, dont frère Luc, médecin, présent depuis 1947, et père Amédée, né en

Algérie, arrivé en 1946[9]. En février 1964, Dom Jean de la Croix, le nouvel abbé d'Aiguebelle, le responsable direct de Tibhirine, prend le bateau pour Alger et rend visite à l'abbé Carmona, curé de Bab el-Oued. Celui-ci lui fait comprendre la grande déroute de l'Église d'Algérie, qui doit se convertir d'un coup d'une Église de masse à une Église de service, avec une communauté réduite. « Si les moines s'en vont, dit l'abbé de Bab el-Oued, moi, je ne tiens pas le coup. » Dom Jean de la Croix comprend le rôle spirituel que doit remplir le monastère dans le nouveau contexte de l'Église algérienne. Décidé à sauver Notre-Dame-de-l'Atlas, il se rend chez l'archevêque d'Alger, qui lui réserve d'abord un accueil « froid comme ses glaciers de Savoie ». Mais lorsque Mgr Duval comprend l'intention de l'abbé d'Aiguebelle, le ton change : « Neuf cent mille chrétiens qui partent d'un coup, c'est une apocalypse, mon père. Quand vous êtes entré dans mon bureau, l'Église traversait une très grande crise. Vous me dites : "Les moines restent." Eh bien, si les moines restent, l'Église continue à vivre. » L'archevêque d'Alger est un homme d'espérance qui voit loin.

L'abbaye d'Aiguebelle et celle de Timadeuc en Bretagne envoient chacune quatre moines en 1964, dont le père Aubin, un ancien père blanc qui parle arabe, et le père Jean-Pierre [10]. Sous l'impulsion de Mgr Duval, le monastère fait don de 360 hectares au jeune État algérien. Les quatorze hectares restant, dont six cultivables, sont bien suffisants pour dix

---

9. Frère Luc fait partie des sept moines assassinés le 21 mai 1996 et père Amédée est l'un des deux survivants de la communauté.

10. Le père Jean-Pierre qui s'appelait alors père Benoît, est le deuxième survivant. En 1996, Amédée fêtait ses cinquante ans de présence à Tibhirine. Jean-Pierre a été élu supérieur de Notre-Dame-de-l'Atlas en décembre 1997, il réside à l'annexe fondée par Tibhirine en 1988 à Fès au Maroc. Le père Amédée est resté en Algérie, dans l'attente de la réouverture de Tibhirine, jusqu'à sa mort en 2008.

moines qui se proposent de travailler en coopération avec le voisinage. L'huilerie du monastère reçoit à partir de 1971 les olives du comité de gestion socialiste Si Toufik créé dans le cadre de la révolution agraire. L'école villageoise, en contrebas, ouverte par les pères, est tenue par un couple d'Européens catholiques. En 1976, date où le gouvernement décide de la nationalisation de l'enseignement, cette école sera cédée à l'Académie. Mais Notre-Dame-de-l'Atlas voit se succéder des supérieurs venus de France – cinq entre 1962 et 1969 – qui connaissent mal la réalité algérienne et hésitent entre la vision traditionnelle d'un monastère replié sur sa clôture et un désir de se rendre utiles auprès de la population environnante. Le père Jean-Pierre se souvient de cette époque où « l'on se sentait secoués comme dans un panier à salade » par des supérieurs successifs qui orientaient tantôt dans un sens tantôt dans l'autre. Les moines repensent leur présence en fonction de leur petit nombre, mais ils n'ont pas encore ébauché la réflexion sur le sens de l'existence d'un monastère chrétien dans un milieu essentiellement musulman. Ils connaissent peu l'islam.

Christian de Chergé arrive à Notre-Dame-de-l'Atlas avec la détermination de se mettre à l'écoute de la spiritualité des musulmans qui les entourent. « Je suis donc arrivé dans ces monts de l'Atlas en janvier 1971, écrit-il. À 1000 m d'altitude, à six km de Médéa (ville sainte actuellement pour l'islam algérien), dans une population pauvre mais souriante, fière et sans rancune, croyante et respectueuse du religieux quel qu'il soit, pourvu que l'arrière-boutique corresponde à la vitrine [11]. [...] »

Le moine, écrit-il encore le 25 août 1973 à sa filleule

---

11. Lettre à Jacques et Majo Delage, 4 août 1973.

Violaine, fille de Jacques et Majo, est « un éclaireur de pointe, un pilote, seul dans la tempête qui éprouve la foi ». Dans la communauté, il s'octroie ce poste d'éclaireur. Mais, en 1971, l'enthousiasme et l'impatience du jeune novice bousculent des moines plus âgés, formés dans l'Église préconciliaire et qui ont déjà accepté bien des adaptations. « Parler de particularisme local, de présence et mission liées à la réalité islamique de l'Algérie, et plus généralement, d'engagement définitif rompant l'ancre métropolitaine [...] quel langage ! "Utopie" ou "contestation" », écrit-il à Vincent Desprez [12].

Pour s'exercer à la patience, rien de tel que le travail manuel aux ruchers, au moulin à huile, ou le binage des lavandes : « C'est d'ailleurs une joie assez exceptionnelle de pouvoir se livrer à un travail aussi fastidieux (ça repousse à une extrémité quand on arrive à l'autre) en ayant l'esprit libéré par un verset de saint Jean (le meilleur compagnon, celui de la prise directe, le Christ). » [13]

Le jeune moine éprouve la force d'une communauté formée de dix moines aux itinéraires et aux personnalités les plus diverses : « Il y a aussi cet attachement fraternel qui, à côté des travers, découvre et cultive ce qui est unique en l'autre, et même irremplaçable dans la mise en commun des aptitudes. Dans cette optique, nous formons ici un beau bouquet de fleurs des champs : [...] chaque fleur n'a rien d'extraordinaire, mais l'ensemble est seyant [...]. Il y a là un secret de la logique monastique qui m'enchante depuis qu'il est venu éclairer mon étonnement de nous voir, si différents,

---

12. Lettre à Vincent Desprez, 9 janvier 1972.
13. *Ibidem.*

appelés à la même tâche d'Église [14]. » Mais, souligne Christian, subsiste le risque de se mettre en marge, de s'exclure soi-même du bouquet.

En juillet 1971, il suit un stage d'arabe dialectal au centre diocésain d'Alger, « matière ingrate, devoir d'état impérieux ». Dom Jean de la Croix, l'abbé d'Aiguebelle, reçoit ses premiers vœux temporaires à Tibhirine le 1er octobre 1971, jour de la fête de sainte Thérèse de l'Enfant Jésus... Christian s'est mis sous le patronage de la sainte, missionnaire bien que cloîtrée : « Il faudrait sans doute que notre séparation du monde soit davantage perçue comme un sacrifice dicté par un amour qui "exige" le monde, autrement, à la manière de Thérèse de l'Enfant Jésus. »

Christian obtient de poursuivre son étude de l'arabe, au monastère, avec des bandes magnétiques. Son seul désir est de « pouvoir vivre l'accueil monastique avec nos voisins, nos hôtes, jusqu'au seuil du partage, en connaître assez sur l'islam et son langage pour pouvoir nous dire comme moines, c'est-à-dire hommes de l'Absolu sans risque d'être mal interprétés et, aussi, par un amour authentique qui peut durer jusqu'à la fin du monde, peu importe, ne laisser subsister de notre côté aucun obstacle matériel au cheminement de l'Esprit saint qui éclaire la foi et lie les âmes en Jésus Christ quand et comme il l'entend [15]. » L'œuvre de l'Esprit saint a l'éternité devant elle, pourvu que la disponibilité aux autres et au Christ soit, elle, immédiate.

Christian se réjouit de l'accueil spirituel que le monastère offre aux chrétiens d'Algérie, coopérants, prêtres. La précarité de leur statut de minoritaires les aide à approfondir leur

---

14. *Ibidem.*
15. *Ibidem.*

christianisme : « Au fond, il doit être plus facile de vivre sa foi ici. D'abord parce qu'il n'y a pas de façade de chrétienté : les choses sont claires. Aussi parce que les chrétiens qui sont restés ou ceux qui nous arrivent parmi les coopérants, sentent l'urgence d'un témoignage personnel et d'une vie d'Église [16]. »

L'hiver 1972 est occupé à de lourds travaux pour transformer l'ancienne cuverie en chapelle. Christian s'exerce – de nuit ? – à la lecture du Coran, à l'affût des convergences spirituelles avec l'Évangile de saint Jean notamment : « Avec Jean, c'est la Foi et Dieu abrupt : il est frappant de constater que tous les titres de Jésus énoncés dans le Coran sont johanniques [...] et la transcendance de l'islam peut, sans rien y perdre, trouver dans l'approche signifiante du Christ johannique, l'au-delà de l'Ancien Testament [17] [...]. »

Mais cette vocation à l'écoute de la spiritualité de l'islam se vit dans la solitude : « Nous ne sommes plus très jeunes avec nos cinquante-trois ans de moyenne... et tu connais le seul énergumène qui, ayant moins de quarante-cinq ans, peut prétendre avoir été "recyclé" par le Concile au seuil même de sa vie consacrée. Beaucoup ont fait le terrible effort d'une découverte solitaire, absolument nécessaire pour ne pas céder à l'effondrement du cadre où ils ont vécu les belles années d'une fidélité corporative... et, au fond, le petit miracle c'est cette instabilité (quatre stabilisés sur onze) où se perpétue chaque matin la communauté. Pour le moment, avec l'étude de l'arabe et la nécessité de passer au "pourrissoir" de la solitude et de la roue de secours, je parviens à échapper au

---

16. Lettre à Vincent Desprez, 22 avril 1972.
17. *Ibidem.*

tourment (acédie [18] ?) de l'avenir ; les questions qui nous sont ou nous seront posées par notre entourage immédiat exigent des réponses de moine en arabe : il me faudra du temps avant de parvenir à les formuler dans l'une et l'autre "langues" [19] ! »

Certains moines doutent de la vocation monastique de Christian : ne serait-il pas mieux à sa place comme prêtre du diocèse d'Oran ? Son insistance à vouloir apprendre l'arabe – pour quoi faire, les moines ne sont-ils pas des hommes de silence ? –, son intérêt pour la spiritualité musulmane ne sont pas comprises par tous.

Avec entêtement, Christian pose les raisons de sa présence à l'Atlas. Pour la première fois, en août 1972, il lie clairement devant la communauté sa vocation à l'événement spirituel qu'a constitué pour lui la mort de son ami musulman. Et il ajoute que, s'il le fallait, il renoncerait plutôt à la vie monastique qu'à l'Algérie. La communauté est divisée sur la ligne à suivre, et certains des moines qui seraient prêts à coopérer avec Christian souffrent de son assurance, voire de sa supériorité intellectuelle. Dom Jean de la Croix, abbé d'Aiguebelle, intervient alors pour permettre à Christian de Chergé, son noviciat terminé, de suivre deux années scolaires d'études d'arabe et d'islamologie à l'IPEA [20] de Rome, l'Institut pontifical d'études arabes, tenu par les pères blancs. Mgr Duval, d'Alger, applaudit. Le 26 août 1972, Christian de Chergé s'en va étudier à Rome.

« Il s'agit de pénétrer la tradition religieuse de l'islam, écrit-il au général Guinard [21], simplement parce que les

---

18. Dépression qui guette le moine dans la solitude.
19. Lettre à Vincent Desprez, 22 avril 1972.
20. Connu actuellement sous le sigle italien de PISAI.
21. Lettre du 12 avril 1975.

hommes de prière que nous voulons être ne peuvent ignorer la prière qui monte tout autour de nous vers le même Dieu unique. Reconnaître des accents identiques, entrer dans une tradition commune, faire l'inventaire des "notes qui s'accordent" après tant de siècles d'injures ou de mépris mutuel. »

À Rome, il loge à la maison généralice des cisterciens, dans le quartier Tre Fontane, et s'efforce de concilier la vie de prière monastique et les lourds horaires de cours : quatre heures d'arabe littéraire tous les matins sous la conduite exigeante du père Maurice Borrmans, et deux d'apprentissage de l'islam l'après-midi. Il travaille avec acharnement, ressasse le Coran, les mystiques, des hadiths du prophète. C'est un étudiant insatiable, qui brûle les étapes, pressé d'en venir aux textes avant même de maîtriser la langue. Le père Borrmans lui fera le reproche de ne pas assez travailler la linguistique pour entendre les textes sacrés de l'islam tels qu'ils sont compris dans la tradition culturelle arabe. Christian a une approche plus spirituelle des textes. Il les lit et les médite en chrétien. « Christian, se souvient une religieuse, venait chercher ce qu'il avait déjà trouvé. Il était habité par la certitude que les musulmans étaient sauvés par leur islam et que l'islam avait quelque chose à nous dire. » Une dizaine d'étudiants suivent les cours cette année-là. La plupart sont des religieux et religieuses qui vivent dans des pays arabes. Une affinité fraternelle les lie, et Christian propose de prolonger le travail d'islamologie par un partage spirituel, dans l'esprit de Louis Massignon [22]. Il s'agit de

---

22. Louis Massignon (1883-1962), archéologue, converti au christianisme en 1908 au contact de ses hôtes musulmans à Bagdad, et de la fréquentation des textes du mystique musulman, martyr El-Hallaj. Marié, prêtre en 1950 dans le rite catholique grec melkite.

prier pour les musulmans en assumant ce que les chrétiens peuvent recevoir de leur spiritualité. « On sauve les autres, on sauve les hommes, en entrant dans l'axe de leur naissance », disait Louis Massignon en 1934. « Cette expatriation nous sanctifie nous-mêmes. » Ce petit groupe est un peu le précurseur du Ribât, « le Lien de la paix », qui regroupera en Algérie des chercheurs de Dieu, chrétiens et musulmans, pour un échange spirituel dans le respect mutuel.

« Christian frappe par sa rare qualité d'aventurier de la mystique », note le père Borrmans. Il fait une lecture spirituelle des textes musulmans, laissant de côté les aspects juridiques ou politiques. Il interroge le Coran et la tradition du prophète sur Dieu, y trouve des accents évangéliques. Il médite ce qui rassemble, il cherche en mystique, vers le haut. « Il laissait de côté les textes les plus rébarbatifs. Il voulait forcer les étapes, ouvrir les horizons, tenter une conciliation », se souvient son professeur. Christian veut aller de l'avant, avancer à la rencontre de l'autre, sans rien exiger de lui en retour.

Ces deux années à Rome permettent à Christian de nourrir ses convictions en travaillant les textes de la tradition et des mystiques musulmans. Pour lui, l'Algérie est une terre de Dieu, un terreau où se sont succédé, et où parfois ont cohabité, les trois religions monothéistes. Il réalise une étude sur « L'Algérie devant Dieu », en recherchant, dans les textes spirituels chrétiens et musulmans écrits en Algérie, de saint Augustin à Ibn Badis, une « continuité inscrite au plus profond des cœurs plus encore que dans les textes [...] mais cela, écrit-il en introduction, c'est le secret de Dieu, et aussi, le secret que l'Algérien ne livre qu'à l'ami de longue date, au frère de chaque jour ».

Ce secret de Dieu est devenu sa « lancinante curiosité ». Il lui faut devenir le « frère de chaque jour ».

Dans l'étude menée à Rome, Christian de Chergé prend le parti de chercher dans l'histoire religieuse mouvementée de l'Algérie, non les ruptures, mais la continuité et les convergences spirituelles. L'étudiant romain n'écrit pas l'histoire de l'Algérie chrétienne, ou musulmane, ou juive, mais celle de « l'Algérie devant Dieu ». Il y cherche, à travers la lecture méthodique de quatre-vingt-dix ouvrages, « les traits d'un visage », celui de l'Algérien soumis à Dieu, qui inclut saint Augustin né à Thagaste, l'actuelle Souk-Ahras, en 354, évêque d'Hippone mort en 430, Abû Madyân, grand maître musulman mystique de Tlemcen né en 1126, l'émir Abd el-Kader (1808-1883) et Ibn Bâdis (1889-1940), fondateur du mouvement réformiste des oulémas...

L'histoire spirituelle de l'Algérie, terre de conquête, est pourtant marquée par des fractures et des oppositions. Au-delà de celles-ci, Christian de Chergé scrute les ressemblances. Le christianisme, apparu au IIe siècle, a connu au Ve siècle avec Augustin une période de grand rayonnement, mais aussi de division avec le schisme donatiste. Les invasions vandales au Ve siècle puis la conquête ottomane au VIIe siècle l'ont affaibli. Au XIIe siècle, il a presque disparu, sous le coup des divisions des chrétiens, des invasions et... de l'absence de présence contemplative. L'islam algérien, note Christian dans cette étude, est sans cesse partagé entre « la rigueur légale et l'échappée mystique ». C'est ainsi qu'au début du siècle le mouvement réformiste d'Ibn Bâdis, partisan d'un retour aux sources de l'islam, s'oppose aux confréries mystiques, qui ont grandement participé en Algérie à la diffusion de l'islam mais à qui il est reproché de perpétuer un culte des saints peu orthodoxe dans l'islam.

Les confréries sont des familles spirituelles qui s'inspirent de l'enseignement d'un maître mystique, généralement autour d'une *zaouia,* qui fait fonction de couvent ou d'école. Les *zaouias* ont dispensé un enseignement religieux pour près de 40 % des enfants algériens avant l'indépendance. Elles sont affaiblies par la nationalisation de l'enseignement en 1976 qui contribue à uniformiser l'enseignement religieux.

Christian de Chergé s'intéresse essentiellement aux mystiques et à la religion du peuple. Il peut ainsi dresser les « traits d'un visage sortant de la nuit des temps, d'un visage ridé par l'âge, bariolé par des fonds de teint successifs, déformé par la réalité du quotidien... ». Il a décrit les jalons d'une chaîne spirituelle en Algérie, dont il désire être un maillon.

VI

LE LIEU DE MON REPOS

« Ma vie était donnée à Dieu et à ce pays. »

1974, Notre-Dame-de-l'Atlas

Le 16 juillet 1974, frère Christian est de retour à la trappe de l'Atlas, impatient de mettre en œuvre ses connaissances d'arabe et de vivre la prière monastique chrétienne « dans la maison algérienne de l'islam ».

L'Algérie s'apprête à fêter, le 1er novembre, les vingt ans du déclenchement de la lutte armée qui l'a conduite à l'indépendance. Sous la direction du colonel Houari Boumédiène, la République algérienne tente d'inventer un socialisme qui se veut un modèle pour les nations du tiers monde. Elle s'efforce surtout, après cent trente ans de colonisation, de définir son identité nationale autour de deux pôles : le socialisme et l'islam. La première constitution de 1963 stipule que « l'islam est la religion de l'État (art. 4) » et que « la République garantit à chacun le respect de ses opinions et de ses croyances et le libre exercice de ses cultes ». L'appartenance à l'islam n'est pas une condition de la nationalité algérienne. Un Algérien chrétien occupe d'ailleurs le poste de ministre des Finances. Les prêtres algériens reçoivent comme les autres ministres du culte une indemnité mensuelle. L'Église a donc sa place dans l'Algérie indépendante, pourvu qu'elle respecte les orientations du pays. Mgr Duval, dans une interview au journal *Le Monde* le 11 janvier 1964, l'a affirmé : « En Algérie, l'Église, comme il se doit, n'a pas choisi d'être étrangère, mais d'être algérienne », c'est-à-dire de travailler au bien commun, sans rien renier de sa foi, et en respectant celle du peuple dont elle est solidaire. Elle se veut partenaire du développement du pays. Mgr Duval et un certain nombre de prêtres et religieuses ont reçu la nationalité algérienne.

Les dix premières années de l'indépendance ont été pour les chrétiens une période de mutation profonde. Ils ne sont plus qu'une minorité – 100 000 en 1964, la moitié en 1970, dont quelques milliers de pratiquants au milieu de 25 millions d'Algériens, musulmans dans leur majorité. Pour beaucoup, c'est une conversion. Ils y sont aidés par les orientations du concile Vatican II qui invite l'Église à sortir de ses frontières. L'Église n'est pas sa seule fin. Elle soutient la foi des chrétiens pour qu'ils soient, en participant aux espérances du peuple au milieu duquel ils vivent, signes d'amour. « Il nous semblait que se faisait jour l'action d'une Église plus spirituelle, moins délimitée dans ses frontières, moins définie dans sa foi, plus vulnérable, plus portée à découvrir qu'à conserver ; une Église qui aurait reconnu qu'elle avait besoin de l'humanité, de toute l'humanité pour connaître et révéler Dieu », écrit alors un prêtre [1]. « La nouvelle phase que traversent aujourd'hui les rapports entre l'Algérie et le Vatican [...] prouve que l'esprit de compréhension entre l'islam et le christianisme conserve dans notre pays toute son estime [...] », a déclaré le président Boumédiène en 1972,

---

1. In Henri Teissier, *Église en islam*, Paris, Centurion, 1984, p. 94.

Christian de Chergé, enfant.

Les huit enfants de la famille de Chergé, avec leur mère (assise) et leur grand-mère. 1956 ou 1957. Christian, alors séminariste, se tient debout, troisième à partir de la droite.

La promotion 56 des séminaristes sur le « perron des Martyrs », en mémoire des prêtres ayant refusé la Révolution. Christian, second à partir de la droite

1959. Christian de Chergé, de face, accomplit son service militaire en Algérie comme officier SAS (Sections administratives spécialisées) dans la région de Tiaret. Expérience fondatrice, où se décide une vocation contemplative pour l'Algérie. Il reviendra plus tard dans ce pays « témoigner que la paix entre les hommes est un don de Dieu fait aux hommes de tout lieu et de tout jour »

Christian de Chergé, au séminaire des Carmes, à Paris.

Avec Michel Boullet, au séminaire des Carmes, un an avant leur ordination, 1963.

21 mars 1964. Neuf séminaristes des Carmes sont ordonnés en l'église Saint-Sulpice à Paris ; Christian est le premier sur la photo. Pas encore sûr de sa vocation monastique en Algérie, il passe cinq ans au service du diocèse de Paris avant de rejoindre le noviciat des trappistes à l'abbaye d'Aiguebelle (juin 1969).

Frère Christian de Chergé, après sa profession de vœux définitifs à Tibhirine, le 1ᵉʳ octobre 1976.

Madame de Chergé, « ma mère, ma toute première Église ». Christian, de passage à Paris, célèbre la messe dans l'appartement familial.

Tibhirine, mai 1993. Quelques mois avant la première visite des islamistes au monastère, sœur Édith Genêt réalise un reportage sur les chrétiens et les communautés en Algérie. Frère Christian lui parle avec passion de la vocation monastique en terre d'islam.

Monastère Notre-Dame-de-l'Atlas, 1994. Un an après l'assassinat des voisins croates, deux ans avant l'enlèvement. De gauche à droite, les frères : Jean-Pierre, Paul, Amédée, Luc, Michel, Philippe (novice qui n'a pas poursuivi), Christophe et Christian. Célestin est absent de la photo. Jean-Pierre et Amédée seront les seuls survivants. Un septième moine venu du Maroc, Bruno, sera enlevé et assassiné le 21 mai 1996.

Christian de Chergé en tenue de travail, avec frère Christophe et Dom Jean de la Croix, ancien abbé d'Aiguebelle, supérieur du petit monastère de l'Atlas de 1978 à 1984. Il a soutenu la vocation de Christian pour un monastère en pays musulman, signe de rencontre et de paix entre les croyants.

Christian de Chergé, au monastère d'Orval, en Belgique. Frère Christian participe à de nombreuses rencontres internationales de l'ordre cistercien, au cours desquelles il défend une plus grande attention de l'ordre aux monastères des pays les plus pauvres.

lors de l'échange d'ambassadeurs entre le Vatican et l'Algérie. Le nonce assure que « la collaboration désintéressée que l'Église offre veut être entière et fraternelle ». Dans les années 1970, le nombre des chrétiens continue de s'amenuiser. Mais ce petit nombre tâche d'approfondir son christianisme sans se replier sur lui-même. Le cardinal Duval ne cesse de rappeler que l'Église est « extatique », c'est-à-dire qu'elle ne vit que pour aller vers les autres. Des prêtres et des religieuses, des laïcs travaillent comme infirmiers, enseignants, éducateurs auprès d'handicapés, partageant souvent avec des populations défavorisées une vie simple. Ils ne cherchent pas à convertir leurs voisins musulmans, mais à vivre une amitié fraternelle, et, comme les y invite le concile Vatican II, à reconnaître la présence de Dieu et l'action de son Esprit saint chez les croyants musulmans.

C'est dans ce contexte que Christian de Chergé revient dans le monastère où il désire faire vœu de stabilité, pour manifester la permanence de sa vocation auprès des Algériens. Dans sa première « Chronique de l'espérance », il décrit les dispositions du « pauvre bonhomme de moine » qui se veut « à l'école du service du Seigneur ».

Sa passion pour Dieu et pour les hommes prend la forme d'une croix : « Écartelé à l'horizontale par l'urgence fraternelle de chaque jour ; écartelé à la verticale par l'espérance folle de VOIR DIEU ; et devoir chercher l'équilibre crucifiant qui transfigure toute réalité afin d'arracher à tout être ce reflet de Dieu révélant la complicité voilée du Créateur et de toute créature, et donc la qualité, l'authenticité humaine de tout ce qui s'accomplit avec l'invincible espérance d'une charité possible, simplement parce que DIEU EST LÀ [2]. »

---

2. « Chronique de l'espérance », 1974, in *L'invincible espérance, op. cit.*, p. 22.

Quelle est son « invincible espérance » ? Il la confie à une toute petite fille née le 26 juin 1973, Violaine, la cinquième fille de ses amis Jacques et Majo Delage. Ils lui ont demandé d'être le parrain de Violaine : « Est-ce la nostalgie des terres africaines, ou plutôt le sentiment, encore mieux ressenti à la lecture de ta lettre, d'une Église appelée à être missionnaire et universelle [...] », écrivent-ils, en s'excusant d'une requête « farfelue ». Cette demande de parrainage rejoint le désir brûlant de Christian de nouer avec tous les enfants de Dieu un lien spirituel qui trouvera un jour sa pleine réalisation dans l'amour du Père. Il écrit à Violaine pour refuser la responsabilité matérielle de ce parrainage car « pour être parrain de ta FOI, il est nécessaire d'être quelqu'un de concret, à côté de toi [...] », mais il propose une autre forme d'association à cette petite fille : « Car il y a un parrainage auquel je me suis senti appelé, et c'est celui de l'ESPÉRANCE. [...] Dans le pays où je vis, j'ai ainsi une multitude de filleuls [...]. Ces filleuls ne partagent pas la foi au Christ que tu vas accueillir au baptême, mais mon espérance sait que toute leur vie religieuse est déjà voulue et guidée par l'Esprit du Père, et auprès d'eux j'aime à désirer déjà la joie que nous aurons à reconnaître ensemble le Christ. Au fond, le baptême de l'espérance, ici, c'est la mort [...] et que ce mot ne te fasse pas peur puisqu'il s'agit de l'ultime naissance. Être chenille et aimer en tous ses frères le papillon en devenir... et cela sans frontières ni dans l'espace ni dans le temps. Je peux donc être ton parrain d'espérance, mais [...] il te faut accepter que j'aie une multitude de filleuls [3]. »

Puis Christian propose à la petite fille un pacte, dans la

---

3. Lettre à Violaine, 25 août 1973, retranscrite dans la chronique de septembre 1974, in *L'invincible espérance, op. cit.*, p. 21.

ligne de la « communion spirituelle » dont il ne cesse de nourrir son espérance. Le parrain demande à la filleule de devenir « marraine » avec lui : « Pour te conquérir une place bien à toi, j'aimerais, Violaine, te proposer d'être marraine, toi plutôt [...], la marraine de cette CHARITÉ que l'Esprit de Jésus veut faire éclore au cœur de tous mes "filleuls" ; ce n'est pas difficile ! Il te suffirait d'apprendre, jour après jour, à les AIMER comme tes frères, spécialement ceux qu'on méprise si facilement, ton père te le dira, car il en a souffert avec eux [...]. Tu dors ! J'ai été trop long... »

Christian place son espérance sous le signe de l'enfance, citant saint Augustin : « Si tu veux être grand, commence par être tout petit. » La vie monastique pour lui est le moyen de renaître. Il se sait habité par un « tempérament trop absolu » qu'il lui faut apprivoiser en s'abandonnant à l'amour.

Une petite fille devient marraine de son espérance. Christian de Chergé possède le secret des « retournements » évangéliques. Beaucoup plus tard, le 4 septembre 1994, au baptême d'Ingrid, sa petite nièce adoptée par son frère Gérard et sa belle-sœur Sabine, alors que la menace des violences qui ensanglantent l'Algérie se rapproche du monastère, il se compare à cette petite fille. Car il se sait, lui aussi, « adopté » par les Algériens. Dans le chemin où pas à pas chacun cherche sa voie vers Dieu, parrains et filleuls, adoptants et adoptés, pères et fils se retrouvent sur la même route, frères en humanité. « Dans le Christ, écrit Christian le 25 octobre 1974 à l'occasion des quarante ans de mariage de ses parents, les parents se redécouvrent frères de leurs propres enfants, pécheurs héréditaires liés au même combat de la foi, au même témoignage d'Évangile. »

À Tibhirine, Christian a retrouvé une communauté dont la

situation reste précaire. Notre-Dame d'Aiguebelle n'ose pas
laisser Notre-Dame-de-l'Atlas voler de ses propres ailes,
l'avenir en Algérie lui paraît trop incertain. Les supérieurs
venus de France passent : le père Jean-Baptiste, un homme
profondément bon, de l'abbaye de Port-du-Salut (Mayenne),
a succédé au père Dominique, reparti à Aiguebelle. Sur les
sept moines présents, trois seulement sont de vrais permanents de Notre-Dame-de-l'Atlas. En l'absence d'une communauté stable, Christian de Chergé ne peut pas prononcer ses
vœux définitifs en Algérie.

Le 1ᵉʳ octobre 1974, à son retour de Rome, il renouvelle
ses vœux temporaires pour un an. Un an plus tard, sa vocation est plus ferme que jamais. En dépit de la pauvreté du
monastère où quelques moines âgés se tiennent coûte que
coûte en présence de Dieu dans la charité fraternelle, c'est
dans cette vie cistercienne qu'il se sait appelé à vivre sa
vocation particulière, celle d'être un priant « aux côtés des
priants de l'islam ».

En octobre 1975, il renouvelle encore pour un an son
engagement à l'Atlas et, pour souligner sa vocation particulière, il inaugure une série de conférences hebdomadaires sur
l'islam, auxquelles participeront les moines qui le souhaitent.
La communauté est faite « d'agglomérés », dira le père Jean-
Pierre. Elle ne possède pas de vision commune sur le sens
de sa présence en Algérie. Les raisons qui ont amené chacun
des moines à vivre en Algérie sont aussi variées que les
frères eux-mêmes. Christian en fait l'inventaire : vie avec les
pauvres, attention aux malades (frère Luc), service spirituel
des chrétiens vivant en Algérie, vie monastique en Afrique,
attachement à l'Algérie, réalité monastique plus simple, plus
humble. Christian est le seul à avoir choisi l'Algérie pour y
vivre une présence spirituelle en milieu musulman. Malgré

son impatience à partager avec ses frères sa vocation, il reconnaît la richesse de leur diversité : « Dans l'amalgame de notre vie commune, c'est le tout qui donne une belle et riche image de la réalité environnante [...]. Vivre ensemble la richesse de cette différence, c'est affirmer notre commune dépendance vis-à-vis de ce milieu d'incarnation où le Seigneur nous a fait dresser sa tente. C'est aussi rendre crédible la communion possible de toutes les catégories de la population locale que recouvrent ces divers attraits de notre communauté. C'est dire encore que la Foi seule peut réaliser cette unité puisqu'elle est perçue comme un appel de l'Unique, du Tout-puissant [4]. » En novembre 1975, après la visite de l'abbé d'Aiguebelle, frère Christian note dans sa chronique : « Notre façon de vivre peut avoir son mot à dire au concert de nos vénérables grandes sœurs d'outre-Méditer-ranée, avec les "non-alignés". »

Lui-même se veut volontiers contestataire, « non-aligné », dans sa communauté. Il multiplie les gestes de rapproche-ment avec le milieu musulman environnant au risque de choquer et d'irriter certains de ses frères. Il pratique seul le jeûne pendant tout le ramadan, au péril de sa santé. « L'Eucharistie me suffit. » Il enlève ses sandales à la chapelle.

Une nuit, le 21 septembre 1975, en plein ramadan, alors qu'il se tient en silence dans la chapelle, il est rejoint par un hôte du monastère, un musulman, qui lui demande de prier pour lui. Christian se lance, puis à son tour la prière de ce croyant s'élève dans l'obscurité, « le musulman invoque le Christ. Le chrétien se soumet au plan de Dieu sur tous les

---

4. « Chronique de l'espérance », janvier 1976.

croyants [5]... » Leurs prières se succèdent, se mêlent. « Le chemin se fait plus étroit, tandis que le silence plus dense encore se fraie la route commune vers l'amour de ce Dieu partagé. » Comme lors de la mort du garde champêtre, Christian médite et rumine cet événement en silence, il s'en nourrit, et ce n'est qu'un an plus tard, au moment de l'anniversaire, qu'il le raconte. Il y voit une confirmation de sa vocation, un signe offert par Dieu. Lors de son engagement définitif, le 1er octobre 1976, il affirme : « Cet événement n'est pas un rêve. C'est un fait. Comme tel, il a incarné l'immense espérance de mon appel, et m'a fait vivre, en l'espace de trois heures, ce que ma foi savait possible pour les siècles des siècles. »

Il porte sur les voisins un regard résolument bienveillant. Il a adopté la belle salutation algérienne, main sur le cœur. Les raisons de s'impatienter ne manquent pourtant pas : les jeunes du pays envahissent l'intérieur même de la clôture, pour se baigner à la *margouma,* une réserve d'eau de source qui sert à arroser le jardin, les chapardeurs se servent, les travailleurs ne sont pas toujours exacts au rendez-vous, les chèvres des voisins apprécient les fleurs du jardin... Au fond, Christian ne se sent nullement propriétaire de ces terres que les moines ont mises en valeur. Il souhaite un partage plus complet avec la population du voisinage.

Les circonstances extérieures ajoutent à la précarité de la communauté : le 17 octobre 1975, les moines reçoivent l'ordre de la gendarmerie de quitter les lieux. Au même moment, l'église Santa-Cruz d'Oran, la basilique d'Hippone et Notre-Dame d'Afrique à Alger ont été fermées par les

---

5. Le récit de cet événement est donné par Christian de Chergé dans *L'invincible espérance, op. cit.,* p. 33.

autorités. Il s'agit d'un affrontement au plus haut niveau entre les tenants d'une Algérie plurielle et ceux d'un État plus exclusivement musulman. Les moines de Tibhirine sont bien acceptés à Médéa par la population locale, qui se presse à la consultation de frère Luc, le toubib, et fréquente un service de protection maternelle et infantile (PMI) hébergé par le monastère et animé par une veuve belge, Mme De Smett. Le père Aubin, arabisant, enseigne à l'école du village : les enfants l'appellent « cheikh Aubin » !

Une fois de plus, l'intervention du cardinal Duval permet de sauver Tibhirine. « Finalement, il ne s'est rien passé et nous vérifions avec joie qu'une fois de plus l'épreuve commune a resserré les liens mutuels et nous a aidés à décaper l'idéal partagé », écrit Christian [6].

L'alerte a été chaude. Prêts à partir ailleurs, les moines avaient commencé à alléger leur bibliothèque, à donner des meubles, à brûler des papiers inutiles.

Pour tous les chrétiens d'Algérie, l'année 1976 constitue un tournant. L'État algérien nationalise les écoles, obligeant l'Église à se dépouiller de l'un de ses moyens visibles de service. C'est un pas de plus vers la gratuité de la présence. « L'Église va être réduite à l'essentiel », souligne gravement Mgr Duval, monté à Tibhirine. L'essentiel, bien sûr, est dans la fraternité vécue, non dans les bâtiments ou les œuvres. Beaucoup de prêtres et de religieuses enseignants se mettent au service de l'Éducation nationale algérienne. D'autres quittent l'Algérie. À Médéa, les bénédictines, présentes en Algérie depuis 1948, peu préparées à vivre en pays exclusivement musulman, partent pour le Sud de la France.

Paradoxalement, c'est à ce moment-là que les moines

6. Lettre à Vincent Desprez, 24 novembre 1975.

décident, fin septembre 1976, à l'occasion de la visite de leur supérieur d'Aiguebelle, dom Jean de la Croix, de se fixer définitivement en Algérie. La décision est prise de façon providentielle et presque inattendue, « un miracle de communion », écrit Christian à une correspondante. Le 29 septembre 1976, devant la communauté des huit moines présents, Christian exprime une fois de plus son désir de s'ancrer dans la vie cistercienne, pour y vivre sa vocation particulière, à l'écoute de l'islam. À l'unanimité, les frères acceptent sa profession. Et voilà que, répondant individuellement à la demande de l'abbé d'Aiguebelle, quatre moines qui étaient encore rattachés à des monastères de France décident de faire vœu de stabilité en Algérie. Le projet auquel ils adhèrent comporte trois axes : une petite communauté cistercienne dans l'esprit de Vatican II ; un lieu de ressourcement pour l'Église d'Algérie dans le contexte nouveau où celle-ci doit se redéfinir elle-même ; une présence monastique en milieu musulman. C'est exactement ce qui a conduit Christian dans ces montagnes !

Les frères Aubin, le portier, et Jean-Pierre, chauffeur et chantre, sont venus à Tibhirine en 1964, de Timadeuc en Bretagne. Le frère Roland, responsable du jardin, est arrivé de Notre-Dame-des-Neiges (Ardèche) en 1974. Avec le père Jean-Baptiste, le supérieur [7], et les deux anciens de l'Atlas, frère Luc le toubib et frère Amédée, une communauté est enfin soudée en ce lieu. « Cela a créé en moi un lien très fort avec l'Algérie, son avenir, sa destinée », rapporte le Père Jean-Pierre. « Entre nous s'instaurait une joyeuse complicité,

---

7. L'Atlas dépend de l'abbaye mère d'Aiguebelle, elle a donc un supérieur *ad nutum* qui est sous l'autorité de l'abbé d'Aiguebelle.

jubile Christian[8], donc la Joie donnait le ton, avec gravité d'ailleurs, car il est difficile d'aller aussi loin et en pleine connaissance de cause, dans le sens que la foi seule peut donner à notre présence, notre existence. » Christian demande pardon à la communauté pour ce que son comportement volontaire a pu avoir de blessant. À ce moment-là, la communauté Notre-Dame-de-l'Atlas s'est vraiment constituée.

« Personnellement, j'éprouve le désir de placer le surcroît d'incertitude où nous vivons sous le signe d'un surcroît de confiance et d'abandon », écrit alors frère Christian. Six mois plus tard, il revient avec lucidité sur le thème de l'insécurité, compagne du chrétien : « Insécurité ? C'est une grâce de choix, la plus inconfortable pour qui ne songe qu'à dormir, la plus propre à la vigilance : "Veillez, vous ne savez pas..." On a proposé au Christ de choisir entre deux stabilités : le trône ou la croix. Le Christ a pris la croix ; il en a fait son trône, le marchepied de son Royaume. Le malheur a voulu que dans l'histoire, l'Église ait souvent préféré le trône [...][9]. »

Le 1er octobre 1976, sous le patronage de sainte Thérèse de l'Enfant Jésus, cloîtrée et missionnaire, « notre sœur d'enfance et de noviciat perpétuel », Christian de Chergé prononce ses vœux définitifs, en présence de l'abbé d'Aiguebelle, dans l'intimité de la communauté. « Cette intimité a rejoint mon désir, et le sens profond d'une consécration à la communion des saints », écrit Christian à une correspondante. Dans sa prière universelle, aux côtés des saints d'Afrique du Nord, et de « tous les saints cachés de cette terre d'Algérie, païens, juifs, chrétiens et musulmans », il associe ses parents, ses frères et sœurs, le frère de prière

---

8. Lettre à Vincent Desprez, janvier 1977.
9. « Chronique de l'espérance », Rameaux, 1977.

d'une nuit, et Mohamed, l'ami garde champêtre. Il s'en remet
à la prière de sainte Thérèse : « Maintenant c'est l'Abandon
seul qui me guide. Je n'ai point d'autre boussole. [...] Tout
mon service est d'aimer. »

« Après l'effroi d'un long enfantement, c'est la joie de
naître. »

Christian remet alors à ses frères de la communauté un
long document de feu intitulé « Le sens d'un appel ». C'est
le credo et le programme d'un moine dont le christianisme a
été illuminé par la foi de croyants de l'islam, et qui croit
pouvoir aller à leur rencontre sur leur chemin vers Dieu. Pour
des religieux qui n'ont pas de connaissance bien approfondie
de l'islam, ce texte paraît révolutionnaire. Christian ne met
pas ses convictions sous le boisseau, il estime juste de les
partager avec ses frères. Il commence par une profession de
foi chrétienne, qui s'inspire dans sa forme de la *fatiha*, la
profession de foi des musulmans :

« Au nom du Dieu de tendresse et de miséricorde,
Maître unique du ciel et de la terre,
Père, Fils et Esprit saint,
Dont le nom est "amour" au cœur de tout homme créé à
son image,

je professe [...]
1. Un appel tout entier orienté vers la vision du Dieu
vivant (*cf.* Guillaume de Saint-Thierry) et aussi tout pénétré
du sentiment le plus intime de la transcendance de Dieu (*cf.*
islam)...
2. Un appel exigeant la réponse sans équivoque d'une
humble "soumission" (*cf.* islam) et aussi d'une obéissance
libre à la volonté de Dieu perçue dans l'interprétation

concrète de l'Évangile que l'ordre de Cîteaux entend donner...

3. Un appel m'invitant à accueillir la Parole de Dieu, à la ruminer au creuset d'un être de chair et de sang qui a besoin d'être sans cesse purifié pour accueillir les multiples harmoniques du commandement unique. [...]

Cette parole est une, proférée éternellement par le Verbe de Dieu dans le silence de l'Esprit. Mais les échos qu'elle a rencontrés dans l'histoire et qu'elle suscite dans les cœurs droits apparaissent infiniment diversifiés. Longtemps, on a fait la sourde oreille au message de l'autre contesté dans son lien original avec le Tout-Autre. On continue de se heurter, parfois durement, à ces divergences, alors même que, nous le savons, la révélation du Verbe dans la personne du Fils Incarné déborde de toutes parts, ce que le texte écrit des Évangiles nous en a conservé. Toute la tradition de l'Église est là pour en témoigner.

De même qu'il y a une *lectio divina* possible de la nature, de toute créature, et du cœur de tout homme, de même je pense qu'un *contemplatif* avide de toute Parole issue de la bouche du Très-Haut doit pouvoir laisser retentir dans son silence le Livre de l'islam avec le désir et le respect de ces frères autres qui y puisent le goût de Dieu.

4. Un appel m'invitant à creuser davantage, et *en moi*, le chemin de communion par lequel l'Esprit de Jésus ne cesse de vouloir nous conduire ensemble au Père en nous appelant, ici et là, à la prière du cœur et à la relation universelle d'un frère en humanité.

En cette voie de louange et d'intercession, j'aimerais rejoindre très spécialement d'autres hommes de prière parmi lesquels j'ai accepté d'enfouir ma vie, simplement parce que c'est l'un d'entre eux qui m'a adressé cet "appel à la prière" en notant que les chrétiens de ce pays n'avaient pas su donner l'exemple en ce domaine. J'ai su du même coup que cette consécration de ma vie devrait passer par la prière en commun pour être vraiment témoignage d'Église.

Dans le sang de cet ami a commencé un pèlerinage vers la communion des saints où chrétiens et musulmans partagent la même joie filiale... Je n'entends pas lui donner un terme moi-même ; tout sera toujours nouveau en ce chemin de communion.

Pour confirmer cet appel, ... il y a eu plusieurs interventions inexplicables où pouvait se reconnaître la façon de Dieu. Tout semble culminer à ce jour, en cette rencontre sollicitée par un hôte musulman dans la paix d'un soir, après complies. Nos voix se sont associées et soutenues l'une l'autre pour se fondre en louanges de l'Unique de qui naît tout Amour. Cet "événement" n'est pas un rêve. C'est un fait. Comme tel, il a incarné l'immense espérance de mon appel, et m'a fait vivre, l'espace de trois heures, ce que ma foi savait possible pour les siècles des siècles.

Désormais, comment ne pas croire "viable", au jour que Dieu seul voudra, une communauté de prière où chrétiens et musulmans (et juifs ?) se recevront en frères, de l'Esprit qui déjà les unit dans la nuit.

5. Un appel qui m'a fait désirer très tôt une vie de simplicité et de dépouillement, dans le renoncement à tout ce que le "monde" tient pour avantageux, à tout ce qui introduit le partage dans un cœur d'homme. [...]

6. Un appel qui me fait correspondre à un titre un peu spécial à la vocation d'accueil et d'hospitalité que se reconnaissent traditionnellement les fils de saint Benoît.

J'aimerais dire ici mon émerveillement devant l'hospitalité si simple et totale de mes amis musulmans qui m'ont reçu.

Ils étaient tous plus pauvres et modestes que moi. J'admire également la tolérance dont nous avons été l'objet depuis 1962 au sein d'un peuple durement marqué par une présence étrangère et par un conflit qui appartiennent l'une et l'autre à ce que je ne saurais oublier, car trois années de mon enfance et dix-huit mois de mon passage à l'âge d'homme en ont été profondément impressionnés.

Attaché pour le moment à l'hôtellerie, il me faut exprimer plus directement cette vocation de notre communauté à l'accueil de *tous* ceux qui cherchent le Maître Unique...

J'aime cette vocation qui reconcilie tant de frères proches ou lointains en choisissant de dire et de redire humblement que l'initiative de toute conversion comme de toute louange est à Dieu seul. Car c'est bien Dieu qui dirige et qui nous envoie le pèlerin inconnu qu'une vocation de séparation du monde nous interdisait d'aller chercher en dehors du strict enclos de notre présence au monde.

7. Un appel qui me voue à la vie commune.

J'ai besoin de frères [...].

Je crois à la force particulière de la prière où "deux ou trois sont réunis en son nom", comme à la vitalité de la charité qui en jaillit.

En pays musulman, l'isolé est incompris, fût-il ermite. Par contre, c'est l'Esprit même de Dieu qui parle et témoigne lorsque l'on peut dire de ces hommes que nous sommes, si manifestement différents et mal assortis aux yeux du monde : "Voyez comme ils s'aiment." [...]

8. Un appel qui définit une *stabilité*.

À l'époque d'incertitude qui est la nôtre et celle de *tous* nos frères de par le monde, je crois très important de professer la fidélité de Dieu qui m'a conduit jusqu'ici, et de consentir formellement à tout ce que cette "stabilité" du dessein de Dieu sur moi requiert de moi aujourd'hui. [...]

La formule monastique qui est nôtre à l'Atlas tend à correspondre davantage à l'idéal cistercien des origines *et* au renouveau souhaité par l'ordre et l'Église de Vatican II. Le contexte économique et juridique d'un pays socialiste, où nous sommes des étrangers, nous aide sans cesse à y revenir. Avoir goûté cette authenticité permet de la croire possible partout où elle se cherche vraiment.

L'Église ne pourra subsister en Algérie que si elle s'enracine toujours davantage dans la vie cachée et la prière. Comme telle, elle aura plus que jamais besoin de ce que nous essayons d'être. Manquer à l'appel de ses évêques (unanimes) par crainte de l'avenir et de ses dépouillements serait se trahir.

La louange monastique et la prière musulmane ont une parenté spirituelle qu'il faut apprendre à célébrer davantage. Sous le regard de Celui-là qui seul appelle à la prière et nous demande sans doute d'être *ensemble* le *"sel de la terre"*. De plus, certaines grandes valeurs de l'islam sont un stimulant indéniable pour le moine, dans la ligne même de sa vocation ; ainsi du don de soi à l'Absolu de Dieu, de la prière des heures, du jeûne, de la soumission à sa Parole, de l'aumône, de l'hospitalité, de la conversion, de la confiance en la Providence, du pèlerinage spirituel... en tout cela, reconnaître l'esprit de sainteté dont nul ne sait ni d'où ? ni où ?... »

Cette charte personnelle de Christian résume tout son engagement à Notre-Dame-de-l'Atlas. Prophétique, elle ouvre des voies pour un dialogue spirituel. Les convictions inconditionnelles du jeune profès solennel bousculent certains moines. Ils vivent une présence fraternelle avec leurs voisins, chacun avec son charisme, mais de là à accueillir la spiritualité de l'islam... Christian brûle tellement d'aller de l'avant qu'il prend seul des initiatives, et certains frères, qui aimeraient partager sa recherche, se referment, avec une certaine tristesse...

Une semaine après sa profession solennelle, Christian reçoit à Tibhirine ses parents, accompagnés du plus jeune de ses frères, Gérard. Ils ne restent que quelques jours, mais Christian a la joie de sentir que son père a reconnu, et pour ainsi dire accepté, la vocation algérienne de son fils. Monique de Chergé est éblouie par la beauté du lieu, la simplicité des relations avec les voisins, l'atmosphère de prière au monastère et chez les voisins. Après la mort de son époux, en 1978, elle y retournera douze fois, faisant sienne la vocation de son fils ! À Gérard, Christian fait les honneurs du jardin. Sous un bouquet de grands cyprès, dans un large sourire il désigne à son frère l'emplacement où il souhaite être enterré : « Tibhirine, le lieu de mon repos », murmure-t-il. Lors de sa profession solennelle, Christian de Chergé a prononcé trois vœux, comme tous les moines qui suivent la règle de saint Benoît : obéissance, conversion de vie et stabilité. En principe, le moine, en quittant le monde, entre pour toujours dans un monastère. En choisissant de fixer son engagement perpétuel sur la terre algérienne, Christian de Chergé est pleinement conscient qu'il devient hôte du peuple qui l'accueille. Il désire infiniment cette dépendance.

Au moment où les trappistes font le choix libre de s'intégrer davantage en Algérie, le pays évolue dans le sens d'un durcissement. La révolution socialiste, sous le régime du parti unique, n'a pas apporté à la population les bienfaits promis. Le chômage, le manque de logements, un appauvrissement général, pèsent particulièrement sur les jeunes.

L'islam représente de plus en plus un recours pour des populations appauvries. En 1978, la révolution iranienne exerce une forte attraction sur les jeunes Algériens. Après la mort de Boumédiène, en 1978, sous le président Chadli, le courant fondamentaliste, diffusé par des enseignants souvent venus d'Irak et d'Égypte, s'implante dans l'enseignement et les mosquées. Cet islam promet prospérité et justice et part en guerre contre l'Occident. Une partie de la nouvelle génération algérienne ressent la présence de chrétiens, pourtant de plus en plus discrète et dépouillée, comme une survivance de la colonisation. La xénophobie à l'égard des travailleurs immigrés en France – que Christian appelle du mot plus noble de « coopérants » – provoque souvent une agressivité en retour à l'égard des Français en Algérie. « L'Algérie est un pays blessé au cœur par tout le comportement actuel de la France et des Français. La xénophobie entraîne son semblable... Notre ignorance de la foi musulmane, nos préjugés à son endroit pèsent lourd dans nos rapports de chrétiens avec ces autres coopérants, plus généralement traités de "travailleurs immigrés maghrébins" et affublés de bien des sobriquets blessants [10]. »

Frère Christophe, un jeune novice de Tamié qui avait connu Tibhirine lorsqu'il était coopérant en Algérie, désire entrer à l'Atlas. Sa profession temporaire, le 31 décembre 1976, suscite l'espoir d'un rajeunissement de la communauté. Mais il peine à s'adapter. Son départ, le 11 novembre 1977, est une grande déception pour Christian. Il reviendra pourtant dix ans plus tard, et sera l'un des sept martyrs de 1996.

Le moine de Tibhirine, malgré la paix et la beauté du lieu,

---

10. Lettre à Delage, 28 août 1976.

n'est pas un vacancier ! Le journal du monastère rapporte sobrement, en janvier 1977 : campagne de l'huilerie : 44 tonnes d'olives, 5 520 litres d'huile ! Les neuf moines travaillent dur. L'huilerie sera d'ailleurs abandonnée en 1979, faute de bras jeunes dans la communauté. Mais il reste les travaux ménagers, les cinq hectares cultivables, les ruches, la lavande, vendue à l'hôtellerie. Christian souffre de manquer de temps pour l'étude de l'arabe et des textes sacrés de l'islam : « Les week-ends ont été très lourds : entre trente et soixante-dix personnes, avec des motivations parfois douteuses... De plus, actuellement, les peintres refont les façades hôtellerie et cour. C'est beau, mais il faut y être. Ensuite, ce sera le rucher. Etc. Je ne sais où le Seigneur me mène avec ces urgences concrètes qui battent en brèche, sans cesse, celles que je crois liées à un appel si particulier. Faut-il se laisser dévorer ? dérober ? » À son professeur d'arabe de Rome, il avoue, début 1975 : « L'Évangile [en arabe] chaque jour, très souvent l'émission biblique protestante de Khartoum qui a l'avantage d'être à une heure très monastique (4 h 45), quelques mots de dialectal avec les voisins, c'est peu ! » Le vendredi, il s'exerce aussi à écouter à la radio la prédication musulmane de la grande prière de midi.

La prière monastique communautaire, quatre heures par jour, est le cœur de la vie des moines, son axe principal. Sept fois par jour, les moines répondent à l'appel ténu de la cloche, et chantent les psaumes, comme tous les cisterciens : « Malgré leur petit nombre et malgré le travail matériel qui pourraient inciter à simplifier l'office, les moines font au contraire le maximum pour que leur prière soit expressive, nutritive, ample tout en restant sobre », écrit en juillet 1979 Jacques Perrier, l'actuel évêque de Lourdes, en retraite pendant six semaines à Tibhirine.

Le monastère de Tibhirine est surtout un haut lieu de l'Église d'Algérie. Le cardinal Duval vient y célébrer tous les ans le 20 août la fête de saint Bernard, patron de la vie monastique cistercienne. Les prêtres et les religieuses de toute l'Algérie y font retraite, seuls ou en groupes. Sur la montagne de l'Atlas, l'Église offre un visage bigarré : des étudiants africains, des chrétiens de l'Est, des Malgaches, souvent isolés dans leurs lieux de travail, y font l'expérience d'une Église pauvre aux dimensions du monde. Un médecin chinois de l'hôpital de Médéa retrouve un jour dans la chapelle l'air d'un cantique de son enfance, des enfants hongrois, de jeunes étudiants béninois y reçoivent le baptême.

Sans sortir de leurs murs, les moines vivent à l'unisson avec les communautés chrétiennes de toute l'Algérie. Les petites sœurs de Jésus vivent en petites communautés proches du peuple, trois d'entre elles sont nomades dans le Sud. Elles ont besoin d'un lieu pour faire retraite ensemble pendant les mois d'été. Christian propose que Tibhirine leur offre une partie de ses bâtiments, trop vastes. En pays musulman, et dans l'ordre cistercien, cette proximité est audacieuse !

Mais Mgr Duval donne son accord et, malgré la réticence de trois moines sur huit, les petites sœurs pourront s'installer dès l'été 1978. « Ce lieu de repos s'est montré pour nous un lieu privilégié, témoigne une petite sœur, responsable des communautés d'Algérie. Parfois, j'ai eu un peu peur de gêner par notre nombre ou parce que nous sommes bruyantes [...] mais Christian riait de bon cœur à mon souci [...]. Sa communion et sa collaboration à la mission de l'Église d'Algérie, je les crois uniques dans l'histoire d'un monastère et d'une Église locale. Son influence dépassait le diocèse d'Alger [...]. » Cette hospitalité renforce les liens entre deux communautés que Christian appelle « communautés sœurs ». « Il savait nous faire aller plus loin dans notre vocation propre où il aimait puiser lui-même, avec son trait d'humilité, d'accueil et d'estime du don de l'autre. »

Le souci de frère Christian de mettre la prière chrétienne à l'écoute de la prière musulmane est loin de faire l'unanimité chez les chrétiens. Lors d'une rencontre de prêtres à l'Épiphanie 1975, Christian suscite un beau tollé en proposant de dire la prière chrétienne en termes plus familiers aux musulmans : « Et voici piétinée la plus belle fleur du jardin d'un moine qui, une fois de plus, aurait mieux fait de se taire, écrit-il. Mais cette fleur, même piétinée, reste un trésor dans la nuit de la foi ; il suffit de l'offrir à l'Enfant des Nations que des mages venus d'Orient ont adoré en ce jour ; et voici qu'elle devient cette étoile brillant dans le ciel d'Abraham de tout l'éclat d'une promesse : on ne piétine pas les étoiles [11]. » Pourtant, Christian de Chergé apprécie la « grande sincérité mutuelle » de ces rencontres de prêtres. Le prêtre mêlé au travail et à la vie du peuple algérien ressent plus que le moine établi sur la montagne l'irréductibilité des différences de culture et de foi. « Dieu lui-même en devient plus étranger, observe-t-il. Il faudrait parvenir à rompre ce charme de la différence en s'engageant sur la voie de la ressemblance avec la patience clairvoyante d'un pèlerinage vers l'intime de l'autre ; ne sommes-nous pas les uns et les autres en quête d'un Royaume à venir vers lequel nos chemins convergent sans pour autant se confondre [12] ? »

À son retour de Rome, Christian a eu la joie de se voir

---

11. « Chronique de l'espérance », n° 4, 1975.
12. *Ibid.*

confier la responsabilité de l'hôtellerie. Saint Benoît a placé
l'hospitalité au centre de la vocation monastique : « Tous
ceux qui surviennent au monastère seront accueillis comme
le Christ en personne, car lui-même a dit : "J'ai eu besoin
d'être accueilli et vous, vous m'avez reçu !" » Christian,
hôtelier, veut y exercer un accueil « spirituel » sans frontières :

« C'est une vraie responsabilité quand on connaît l'isolement spirituel de nombre de croyants en Algérie, des religieuses notamment. Ce service d'Église présente un autre
aspect auquel je suis très sensible : aider les chrétiens à
regarder le musulman en "frère croyant" ayant lui aussi un
message religieux à vivre, des valeurs authentiques à
communiquer [13]... » L'hôtellerie, située au premier étage du
monastère, comporte deux salles communes et une petite
chapelle décorée sobrement de tapis berbères. Aux murs, des
prières calligraphiées en arabe et une grande carte du monde
permettent à des personnes de tous pays de s'y sentir chez
elles. « Tout est simple, harmonieux, imprégné de culture
maghrébine », se souvient un hôte.

L'été, et à l'occasion des vacances et des fêtes, la petite
hôtellerie de douze à quinze places ne désemplit pas. Le
vendredi, les hôtes sont parfois vingt ou trente à table.

La feuille de présentation du monastère, rédigée par frère
Christian, est à elle seule une profession de foi et un
programme : « Aux côtés des priants de l'islam, ils [les
moines] font profession de célébrer, jour et nuit, cette
communauté en devenir, et d'en accueillir inlassablement les
signes, en perpétuels mendiants de l'amour, leur vie durant,

---

13. Lettre au général Guinard, 12 avril 1975.

s'il plaît à Dieu, dans l'enceinte de ce monastère dédié au patronage de Marie, mère de Jésus...

L'hôtellerie – ou maison réservée aux hôtes – relève de la même vocation d'accueil et de partage, d'écoute et de louange, de silence et d'unité, dans la joyeuse révélation de ce que chacun a d'unique au regard de l'Unique et pour le bonheur de l'univers tout entier... »

Christian accueille chacun avec sollicitude, mais il s'irrite lorsque des coopérants prennent le monastère pour une auberge. « Il est très important pour nous que cette hospitalité puisse se révéler ouverte aux musulmans et définitivement close aux touristes n'ayant d'autre prétexte que leur fran-cophonie pour s'estimer le droit d'être hébergés. Il faut porter les gens à se situer en face du Seigneur, les y conduire par tout un climat, il serait anormal de laisser le tout-venant créer à l'intérieur de notre hôtellerie ce qu'on trouve si bien en dehors de nos murs. Ce n'est pas un réflexe de "purs", simplement un instinct vital [14]. » L'hôtelier s'émerveille d'un groupe de pieds-noirs âgés avides de questions sur l'Église, d'une classe de lycéens musulmans qui s'occupent si bien d'un camarade myopathe qu'il réalise seulement à la fin du repas que le jeune homme ne peut pas manger tout seul !

L'hospitalité monastique permet d'accueillir tous ceux qui viennent, sans rien imposer. Les moines font rarement des visites à l'extérieur, mais pour Christian, la disponibilité est sacrée. À la porterie, le père Aubin répond toujours patiem-ment aux voisins. Souvent, il prépare en cachette une tartine de confiture pour les enfants qui viennent jouer. Des musul-mans trouvent parfois discrètement le chemin de Tibhirine,

---

14. Lettre au général Guinard, 12 avril 1975.

comme une étape dans leur recherche. Ils s'y sentent res-
pectés.

Une jeune femme algérienne donne de son séjour à
Tibhirine un récit émerveillé : « C'étaient des moines venus
prier dans un site envoûtant. Ils n'étaient là que pour la prière
et la méditation. Quand on était là-haut, on n'avait pas besoin
d'être croyant. Même les allées étaient traversées par le
recueillement, par le silence. Tibhirine était une lumière sur
la montagne, la lumière qui guide les caravanes. Ils voulaient
le silence et leur maison était ouverte au pauvre, au riche, au
méchant, au gentil, au croyant. Une table ouverte. Christian,
il me semble, était le gardien de ce sanctuaire. Nous, les
musulmans, qui avons toujours peur de salir les lieux saints,
nous enlevions nos chaussures. Dans la chapelle, en pierre
simple, tout était d'une extrême modestie : des tissages
arabes, une croix toute simple, l'autel était en bois berbère
sculpté..., les moines, emmitouflés dans des vêtements qui
ressemblaient à des *kachabias,* portaient des sandales,
comme les disciples de Jésus. Leur chant était modeste. Rien
ne semblait devoir perturber leur prière. »

À Tibhirine, Fatiha vient chercher la paix. Musulmane,
croyante, elle va se marier avec un chrétien, coopérant en
Algérie. Le mariage d'une musulmane avec un chrétien n'est
pas admis. Il signifie presque obligatoirement l'exil en
France. « J'étais attirée par le christianisme, mais je ne
voulais pas trahir ma foi musulmane. Je voulais une seule
religion pour mes enfants. J'étais déchirée. Mon fiancé et
moi avons été reçus à l'hôtellerie. Tout était d'une grande
beauté : dans la bibliothèque, tout était étiqueté, rangé, cela
sentait les lieux saints. Christian nous a accueillis dans son
bureau. C'était sobre, c'était pauvre, tout sentait bon, on se
croyait au paradis. Nous lui avons parlé de notre mariage, de

mes inquiétudes. Il nous a lu des passages du Coran et de la Bible, avec un sourire, et nous trouvions des correspondances. Je ne voulais pas trancher. Je voulais que les deux religions marchent ensemble. "Fils d'Abraham, disait-il, nous sommes différents, mais nous pouvons vivre notre piété ensemble." Nous avons parlé tard dans la nuit. Il utilisait des proverbes arabes : "Nous sommes là pour blanchir les routes", ce qui veut dire vivre dans la charité, supprimer les obstacles. Il ne nous a pas influencés. Il parlait doucement, les mains l'une sur l'autre. Il nous regardait avec tendresse. "De quoi avez-vous peur ?" Je disais : "Je retourne ma veste." "Quelle veste ? Nous ne sommes qu'une enveloppe autour d'une âme. Cette peau, il faut la laisser. Il faut écouter Dieu." Il avait une noblesse de cœur et d'esprit. Il évoquait l'Algérie dans toute sa splendeur. "Faites les choses pas à pas. En arabe, il n'y a pas de futur. Le futur appartient à Dieu. Laissez Dieu vous guider." Puis il nous a raccompagnés à la porte, nous chargeant de fruits et de légumes. Il m'aidait à connaître et à aimer mon pays. »

Peu à peu, beaucoup de religieuses et de chrétiennes qui mènent des vies de service au milieu de la population algérienne viennent demander à frère Christian un accompagnement spirituel. L'une d'elle, Madeleine, infirmière en Algérie depuis l'été 1962, a passé une partie de sa vie dans un village des Aurès. Christian aime le contact de ces femmes qui ont tout quitté pour se mêler à la vie des Algériens les plus simples. « Il aimait profondément nos vies, dit-elle. Jeune moine, il était très exigeant dans l'accompagnement spirituel... Christian avait conscience de sa rudesse, et je crois qu'il en souffrait. Il disait parfois : "Je suis épreuve à moi-même." »

Ses conseils sont ceux d'un maître spirituel qui expérimente ce qu'il recommande. « C'était un homme possédé de l'amour de Dieu, ajoute Madeleine. Il fallait le voir prier ; prosterné, humble, pauvre, il n'était plus là. Me parlant de la prière, un jour, il me dit qu'au bout de quelques minutes, il était "parti". Ces confidences étaient très rares. » En novembre 1976, peu après sa profession solennelle, il donne à une autre correspondante, liée à l'Algérie depuis 1946, ces conseils d'homme lui-même brûlé par la soif de l'union à Dieu :

« Pour déblayer en soi et autour de soi, rien de tel que de se vouloir aux pieds du Maître en pure perte de soi, sans illusions d'efficacité, sans vains retours nostalgiques sur le temps perdu à ne pas se laisser trouver par Dieu (puisqu'Il est là, et même Seul), sans béquilles pour le cœur, qui se prend à redouter le Seul à Seul (tant d'autres en ont tremblé) : tout déverser là, de soi vers Lui, dans une réponse enfin libre à tous ces appels à la louange et à la miséricorde ; ils s'enchevêtrent en vous comme entre le Père et le Fils dans ce duo que l'Esprit sait... »

« Les moines, ces inutiles ! écrit-il en 1980 à une autre qui s'inquiète de son inutilité. Toi-même, si inutile [...].

Et Lui, plus encore [...] cette mort scellant dans l'abandon de Dieu et la fuite des siens la grande déception de l'espoir encore ruminé par les deux compères du chemin d'Emmaüs.

Eh bien, "IL FALLAIT qu'il en passât par là"... C'est même cela, la Pâque. C'était écrit.

Et nous voici tous comme de minuscules satellites lumineux émergeant de nos ténèbres pour refléter quelque chose de sa gloire dans l'éclat du soleil levant. Plus jamais aucun homme ne devrait se croire inutile... N'être que cela, gratuitement... une petite lune (pas toujours complète) reflétant la Lumière dans la nuit des hommes, fidèle au message de l'attraction universelle. »

Christian de Chergé est un homme à la vive sensibilité, capable de beaucoup souffrir. Le 3 février 1978, il est rappelé à Paris, pour vivre les derniers moments de son père, qui décède le 17 février. Il célèbre la messe des funérailles, contrôlant son émotion : « C'est porté par ses six fils que mon père est entré dans la petite église de l'Aveyron où allait se célébrer son dernier adieu. Mais au fond, peut-être était-ce lui qui nous portait encore... déjà ? » Peu de temps auparavant, Christian a déposé sa demande de nationalité algérienne, qu'il n'obtiendra pas, mais le geste est accompli. Il pense que son père a compris ce choix. « Ma présence en Algérie s'inscrit vraiment dans la continuité de ce respect des plus démunis qu'il avait voulu y défendre, confie-t-il à un ami[15]. Je crois qu'une de ses dernières joies aura été de le comprendre lors de la seule visite qu'il m'ait rendue ici, il y a deux ans. » Christian explique à ses amis le sens de sa demande de naturalisation algérienne : « L'appel entendu me vouait à être cet étranger qui n'a plus de "chez lui" sur la terre parce qu'il lui a fallu "quitter son pays et sa parenté" pour aller vers cet ailleurs que Dieu montrait. Et le même appel m'a voué à la stabilité dans ce monastère pour incarner avec tous les habitants de ce pays cette Cité de Dieu où doivent disparaître toutes frontières de patries, de races et de religions[16]. »

À Tibhirine, le supérieur, le père Jean-Baptiste[17], tombé malade, a presque perdu la vue. L'ancien abbé d'Aiguebelle,

---

15. Lettre à P. C., 15 avril 1978.
16. « Chronique de l'espérance », n° 15, 1978.
17. Le père Jean-Baptiste vit dans la communauté monastique de Notre-Dame-de-l'Atlas à Fès depuis 1988.

Dom Jean de la Croix, le remplace le 17 septembre 1978. C'est lui qui a encouragé Christian dans sa vocation à l'Atlas, il est favorable à une ouverture en direction de l'islam. Mais la stature de Christian pèse dans les relations communautaires. Plus jeune et plus formé sur le plan de la théologie et de l'islam que les autres moines, il est souvent sollicité à l'extérieur, il prêche des retraites, conseille les communautés religieuses. Les tensions communautaires à propos de l'ouverture à l'islam persistent.

L'année 1979 est marquée pour frère Christian par deux événements importants : les débuts à Notre-Dame-de-l'Atlas en mars d'un petit groupe de chrétiens tournés vers l'islam, le « Lien de la paix », et une grave crise personnelle qui le conduit à s'interroger sur sa vocation de trappiste. Le 15 novembre 1979, sur le conseil de ses supérieurs, il part faire retraite à l'ermitage du père de Foucauld à l'Assekrem. Christian se retire pour prier dans l'isolement, au milieu d'un désert de pierres, à quelques kilomètres de la chapelle des petits frères de Jésus. Il retrouve ces derniers le dimanche pour la messe et un repas en commun. Un jour, il marche en compagnie du père Édouard pendant vingt-quatre heures dans la montagne. Il a besoin de parler. Il vit douloureusement le fait d'être à Tibhirine le seul moine venu spécialement pour la rencontre avec des croyants musulmans. Comment vivre cette conviction dévorante s'il n'est pas accompagné par sa communauté ? Doit-il partir ailleurs ? Christian de Chergé a eu des contacts avec les fraternités monastiques de Jérusalem, des communautés de moines et moniales fondées à Paris en 1975, dans l'esprit du Concile, vivant une exigence monastique « au cœur du désert des villes ». Il connaît leur fondateur, Jean-Marie Delfieux. Ces moines vivent sans clôture, leur monastère est la ville, ils travaillent à mi-temps et sont pleinement insérés dans l'Église locale. Fondés après le Concile, ils vivent dans l'esprit de Vatican II la dimension œcuménique et une ouverture aux autres religions. Leur nom de « fraternités monastiques de Jérusalem » exprime leur vocation d'ouverture en direction des religions abrahamiques. Y aurait-il lieu de faire une fondation de ce type, dans le contexte algérien ? Dans le désert du Hoggar, Christian de Chergé vit une lutte intérieure, dont on trouve un écho dans sa « Complainte à l'espérance », poème écrit à l'ermitage la veille de la nuit de Noël 1979 :

> « Nuits de la foi en agonie...
> Le doute est là, et la folie
> d'aimer tout seul un Dieu absent et captivant.
> [...] Ce que j'espère, je ne le vois...
> C'est mon tourment, tourné vers Lui.
> Toute souffrance y prend son sens,
> caché en Dieu comme une naissance,
> Ma JOIE déjà, mais c'est de NUIT [18] ! »

Dans le désert, le moine reprend pied, sa vocation cistercienne se confirme, dans l'espérance. Il rentre le 11 janvier 1980, « souriant, barbu et amaigri », note le rédacteur du diaire, le journal du monastère. La paix retrouvée est soumise à des hauts et des bas. « Je compte sur ta prière, écrit-il à une correspondante en décembre 1980, car le bonhomme est souvent tiré à hue et à dia. [...] Qu'il soit au moins fontaine de miséricorde, et qu'il ne se fatigue pas d'espérer, très loin, très seul, qu'il ait aussi le courage des petits moyens qui incarnent l'espérance dans la patience du quotidien. »

---

18. In *L'invincible espérance, op. cit.*, p. 63.

La relation à l'islam fait peur. Un supérieur venu de France en 1981 interdit à Christian de poursuivre ses conférences d'islamologie, et lui conseille de ne pas parler du Coran et de l'islam, notamment dans la liturgie : « Si une ouverture dans ce sens se fait, ce ne sera sûrement pas par vous. » Six mois plus tard, un autre supérieur cistercien l'oriente dans la direction opposée.

« Nous devons accepter de tâtonner avec cette bonne grosse myopie qui n'y voit goutte au-delà de l'aujourd'hui. [...] Pas à pas au désert jusqu'en Terre promise [19]. » Des postulants vont et viennent, ravivant l'espoir d'un rajeunissement de la petite communauté, mais aucun ne trouve une vraie stabilité dans cette fraternité « hétéroclite » et bourrue.

Ces années de tâtonnements ne sont pas dépourvues de point forts. Les liens avec les voisins s'approfondissent dans le travail, la communauté tient bon en dépit de sa grande diversité et l'Église d'Algérie est tout entière en chemin. En 1979, les évêques d'Afrique du Nord ont publié un texte d'ouverture prophétique, *Chrétiens au Maghreb – Le sens de nos rencontres* [20], qui analyse, au regard de l'Évangile et de Vatican II, la vocation des chrétiens dans des pays musulmans.

« Notre existence minoritaire au milieu d'hommes qui se reconnaissent dans la tradition islamique nous oblige à reprendre notre méditation sur le mystère du Christ pour en découvrir les dimensions universelles, écrivent les évêques... Tournés vers l'avenir, nous attendons aussi les élargissements prodigieux de notre regard sur l'homme et sur Jésus, qui naîtront de l'interaction entre les cultures chrétiennes

---

19. Lettre à une correspondante, 13 mars 1979.
20. *Documentation catholique,* n° 1775, 1979, p. 1032-1044.

actuelles et les questions posées par les hommes des autres traditions de l'humanité. » Les évêques ajoutent : « Les frontières du Règne ne passent pas entre les hommes, entre les chrétiens et les non-chrétiens, les croyants et les non-croyants : elles passent par le cœur de tout homme, et c'est ainsi seulement que, peu à peu, vient ce "Règne sans limite et sans fin"... » Ils engagent les chrétiens à faire un effort pour connaître la tradition de leurs amis musulmans. « La réconciliation passe par la reconnaissance réciproque, car les oppositions prennent appui sur la méconnaissance mutuelle. » Le prosélytisme est contraire à la liberté de la conscience. « On pourrait définir le prosélytisme comme l'attitude de celui qui invite son interlocuteur à le rejoindre sur son propre terrain sans se préoccuper de la véritable vocation de l'autre. »

Christian de Chergé est enthousiasmé par ce texte.

« Qu'il nous trouve pauvres d'universel et assoiffés de communion. Rêvons avec Paul VI de créer un arc de lumière en direction de l'islam et accueillons avec joie les signes qui nous prouvent que ce rêve est devancé par l'Esprit même de Jésus, c'est-à-dire qu'il est RÉALITÉ ! Je vous confie cette hantise afin qu'elle vous habite tout au long des prochains jours. Nos évêques nous précéderaient-ils ? », écrit-il à une correspondante [21].

---

21. Lettre à M. T., 28 mai 1979.

VII

LE LIEN DE LA PAIX

« Établir la communion et rétablir la ressemblance,
en jouant avec les différences. »

« Le Lien de la paix » tient une place centrale dans l'aventure de fraternité vécue à Tibhirine. Cette initiative modeste de partage interreligieux, vécue à l'abri du plus pauvre des monastères cisterciens, a préparé ses membres à risquer leur vie auprès de leurs amis algériens. Son rayonnement spirituel dépasse aujourd'hui l'Algérie.

C'est par un homme, Mohamed, que Christian de Chergé a rencontré l'islam. Il n'y est pas venu par les livres, encore moins par l'enseignement sommaire donné sur « les autres religions » au séminaire en 1956. L'islam y était alors regardé comme une religion étrangère et lointaine. Pour rencontrer l'autre, il faut s'aventurer sur des chemins nouveaux. « J'évite, dira Christian, de figer l'autre dans l'idée que je m'en fais, que mon Église peut-être m'a transmise, ni même dans ce qu'il peut me dire de lui actuellement, majoritairement[1]. » Au mois d'août 1959, dans le

---

1. Conférence aux Journées romaines de 1989, in *L'invincible espérance, op. cit.*, p. 171.

paysage aride du djebel Guezzoul, l'islam a pris pour Christian de Chergé le visage d'un ami. Mais cet ami l'oblige à
élargir son regard : « Il me dit tous les autres. » Sa foi au
Christ ne serait pas authentique s'il ne répondait pas du lien
noué avec au moins un croyant de l'islam. Tronquée de cette
quête de fraternité spirituelle, sa présence en Algérie lui
semblerait fausse. « À la limite, dit-il à ses amis, je ne me
sentirais pas le droit de vivre en "moine" ici. » Le moine est
un permanent de la prière. Comment n'associerait-il pas dans
sa quête de Dieu celle qui monte vers Dieu tout autour de
lui, quand bien même la formulation de cette prière prend
des formes différentes de la sienne ?

Il brûle de comprendre ses frères de l'islam au plus
profond, de se nourrir des mêmes sources, sans rien renier de
sa foi en Dieu Trinité. Pour les chrétiens, le concile Vatican II
a ouvert les portes à la rencontre interreligieuse. À Tibhirine,
Christian ressent l'urgence de donner corps à une fraternité
de chercheurs de Dieu, non pas dans la théorie, mais dans la
vie partagée au jour le jour et dans une quête commune du
« Tout-Autre ». Il ne peut vivre l'aventure chrétienne sans se
faire aussi compagnon de route de tous ceux qui marchent
vers Dieu autour de lui. Moine fortement enraciné dans
l'amour de Jésus Christ, il est lié aux croyants musulmans
dans une fraternité spirituelle du même ordre que celle qui
l'unit à ses frères moines ; il parle parfois de sa « communauté de surcroît ». Au-delà des différences de dogme, il
croit à une communion qui se réalisera en Dieu, le jour venu,
mais qu'il se sait appelé, au nom de Jésus Christ, à vivre dès
maintenant. Dieu a tout le temps pour conduire les hommes
à son unité, mais il faut vivre la réconciliation sans délai. La
patience de Dieu rencontre l'urgence prophétique.

La quête de Christian rejoint le désir de quelques chrétiens qui travaillent en Algérie, très proches de la population algérienne. Leurs liens avec leurs voisins ou collègues sont devenus presque des liens de famille. Ils sont impressionnés par la foi de leurs amis dans le Dieu unique et par la chaleur de leur accueil. L'amitié les presse de s'engager plus loin dans la connaissance de leur tradition spirituelle.

Un père blanc, Claude Rault, est à l'origine du « Lien de la paix ». Il a étudié l'arabe comme Christian à Rome, puis il a travaillé à Ghardaïa et Touggourt, dans le Sud de l'Algérie. Il a eu avec ses collègues algériens, dont l'un est un imam, de très belles conversations sur Dieu. En janvier 1976, il a fait une retraite, seul, à Tibhirine. La pauvreté, l'assiduité des moines à la prière et leur vie fraternelle l'ont touché. Il y revient souvent et partage avec Christian et un autre père blanc son désir de vivre davantage en lien avec la spiritualité des musulmans. Ensemble, ils se demandent s'il n'y a pas lieu de créer une communauté nouvelle consacrée à la rencontre islamo-chrétienne, à Alger. Mais le projet d'une fondation nouvelle en Algérie n'est pas mûr.

En mars 1979, à l'initiative de Claude Rault, quelques personnes habitées par la même recherche, venues de différents points d'Algérie, se rencontrent à Tibhirine : Christian de Chergé, deux pères blancs, trois religieuses de différentes communautés, une laïque. Ils veulent approfondir leur vie spirituelle en Algérie en y intégrant ce que leur foi en Jésus Christ peut accueillir de l'expérience religieuse de leurs amis musulmans. Il ne s'agit pas de nier les profondes divergences du dogme, il s'agit d'accueillir fraternellement les signes de communion.

Christian de Chergé est profondément un homme de l'unité. Une phrase de Lacordaire citée dans sa chronique de 1975 résume bien ce qui l'anime : « Je ne cherche pas à convaincre d'erreur mon adversaire, mais à m'unir à lui dans une vérité plus haute. »

Les membres du groupe se proposent de vivre une solidarité spirituelle avec leur entourage de deux manières : en vivant fraternellement aux côtés de leurs amis musulmans, en particulier les plus humbles, et en reconnaissant l'islam comme un chemin spirituel jusqu'à s'aventurer dans sa tradition et dans sa prière. Ils choisissent de donner à leur association spirituelle le nom de « Ribât-es-salâm », ce qui signifie littéralement : « lien de la paix ». Ils ont à l'esprit l'exhortation de saint Paul : « Appliquez-vous à garder l'unité de l'Esprit dans le lien de la paix » (Ep 4, 3). Ils se veulent eux-mêmes des liens de paix. Aux débuts de l'islam, des moines-soldats veillaient dans des *ribâts,* des monastères fortifiés, aux frontières de l'islam. Lorsque grandira en Algérie l'influence d'un islam intégriste prônant l'exclusion de ce qui n'est pas musulman, le groupe abandonnera le terme de *ribât* qui pourrait être mal interprété. Ils conservent le nom de « Lien de la paix ».

Jean de la Croix, le supérieur de Tibhirine, propose que le monastère soit le lieu des rencontres, pour que cette solidarité spirituelle « se greffe sur la vieille tradition monastique » et prenne une dimension d'Église. Peu à peu, au fil des années, en dépit des hésitations de certains moines, il se créera une fécondité mutuelle entre ce groupe et la communauté monastique cistercienne. Christian de Chergé est au début le seul cistercien permanent du groupe, mais la plupart des religieux participent aux temps de prière. Deux des moines arrivés plus tard, Michel et Christophe, deviendront à leur tour des membres permanents du « Lien de la paix ». Deux fois par an, trois jours durant, ces chrétiens se retrouvent à Tibhirine. Le « Lien de la paix » est une attitude spirituelle pour la vie de tous les jours. L'engagement à vivre quotidiennement un « lien spirituel de paix » entre eux et leurs amis algériens compte plus que la rencontre elle-même.

Très rapidement, ces pionniers sont rejoints par d'autres pionniers, quelques musulmans de la confrérie *Alawiya*. Ce sont des soufis, des mystiques qui suivent une voie de sainteté, dans le souvenir d'un maître spirituel, cheikh Ahmed Al-'Alawî[2] qui vivait à Mostaganem en Algérie au début du siècle (1869-1934). Dimension mystique de l'islam, le soufisme, du nom du vêtement de laine que portaient, comme les moines chrétiens, les premiers soufis, s'est développée dès les premiers siècles de l'islam, avec un âge d'or à Bagdad entre le VIIe et le Xe siècles. Ce mouvement qui exprime le désir d'union à Dieu a donné naissance à une poésie mystique magnifique. Mais il a été rapidement soupçonné d'hérésie par l'islam officiel des oulémas. C'est ainsi que l'un des grands mystiques musulmans, Al Hallâj, fut condamné à mort et crucifié en 922.

Cet « islam du cœur » apparaît suspect aux yeux des musulmans traditionalistes. En Algérie, il a contribué à la transmission d'un islam « intériorisé », dont on trouve des traces dans l'islam populaire et le culte des saints.

Les soufis de Médéa, artisans et enseignants, sont imprégnés du Coran et de la tradition mystique musulmane. Ils pratiquent quotidiennement la méditation. Leur maître actuel, descendant de cheikh Al-'Alawî, définit le soufi comme « un homme vivant dans le souvenir permanent de Dieu ». C'est

---

2. Voir le livre de Martin Lings, *Un saint soufi du XXe siècle*. Le Seuil, Points sagesse, une biographie de cheikh Ahmed al-'Alawî, *Le soufisme, cœur de l'islam*, de cheikh Khaled Bentounès, aujourd'hui maître spirituel de cette confrérie (*tariqa*). (Éd. La Table ronde, 1996). Ce livre était sur la table de chevet de Christian de Chergé lorsqu'il fut enlevé, la nuit du 27 mars 1996.

le père Jean-Pierre Schumacher qui, à Noël 1979, rencontre de façon fortuite un des membres de cette confrérie. La conversation va à l'essentiel. « Nous sommes les olives dans le pressoir. La presse fait sortir quelque chose de très beau, aux vertus médicinales, c'est un don de Dieu », dit le musulman qui manifeste le désir de rencontrer la communauté des moines. À l'hôtellerie, moines et soufis, intimidés, vivent le jour de l'Épiphanie 1980 un temps de prière, celle des moines succédant à celle des musulmans. Christian est absent, en retraite à l'Assekrem. À son retour, il rencontre les soufis, qui demandent à cheminer avec des chrétiens, non dans des débats dogmatiques, mais dans la prière.

À partir de la quatrième rencontre du « Lien de la paix », en octobre 1980, les musulmans participent en « hôtes » à un groupe qui se définit comme un groupe d'Église. Les chrétiens se retrouvent entre eux pour un échange fraternel et les musulmans les rejoignent pour un temps de prière et de partage sur un thème choisi à tour de rôle par les chrétiens et par les musulmans. Ces thèmes témoignent d'une recherche de Dieu, stimulée par une autre tradition religieuse : l'alliance, le *dikr*, qui est la récitation du nom de Dieu, l'amour fraternel, Jésus et Marie, l'unité, la conversion, l'épreuve, réconciliation et conversion, « Heureux les étrangers », la paix, « Comment reconnaître l'Esprit saint dans le cœur de tout homme ? », le chemin de Marie, ou encore « Appelés à la vérité ». Le partage se nourrit de l'existence de chacun et de lectures de la Bible ou de la tradition musulmane.

Les moines de Tibhirine participent souvent au temps de louange, dans lequel la prière chrétienne succède à la prière musulmane, faite de silence, de murmure, de la méditation des beaux noms de Dieu. « Moment de communion intense », disent les participants, d'abandon à Dieu, d'unité sans confusion. Les musulmans chantent un passage du Coran, les chrétiens récitent parfois une page d'Évangile en arabe.

La charte du « Lien de la paix » que chacun s'efforce de vivre au jour le jour, porte la marque de Christian de Chergé :

« 1. Portons un regard d'espérance qui nous fera privilégier, dans notre approche de l'islam et des croyants musulmans, les points de communion, en sachant écouter nos différences.

2. Soyons prêts à répondre à cet appel qui nous vient de l'Esprit du Christ et de son Évangile, et qui nous engage à une présence fraternelle dans le service, le partage et la prière.

3. Vivons à l'écoute de l'autre, nous laissant interpeller par sa propre existence et par cette Parole de vie qui est pour lui Parole de Dieu.

4. Revêtons-nous de patience dans cette démarche. Soyons prêts à durer dans la recherche de ce que l'autre a de meilleur, quelles que soient les apparences.

5. Ouvrons-nous à tout ce qui exprime concrètement chez nos frères et sœurs de l'islam, leur lien à Dieu (prière, jeûne, pèlerinage, effort vers le bien, invocations de la vie courante...).

6. Aimons à exprimer dans le quotidien ce LIEN DE LA PAIX qui nous constitue proches et dépendants les uns des autres malgré la distance et la diversité des engagements.

7. Ne craignons pas si la rencontre de l'autre et de sa tradition religieuse a un retentissement sur l'expression de notre foi personnelle et communautaire.

8. Dans l'humble témoignage que l'Amour de Dieu nous pousse à porter à tous les hommes, gardons la certitude confiante qu'à travers des musulmans Dieu peut nous

transmettre un message de vie qui interroge et purifie notre foi chrétienne. »

Christian de Chergé n'a pas été l'initiateur du groupe. Il y est plutôt réservé, discret, silencieux comme un moine. Mais il note soigneusement dans son cahier tout ce qui se dit et il présente la synthèse spirituelle à la fin de la rencontre. Il apparaît à beaucoup comme « l'âme du groupe », l'entraî- neur, sa tête chercheuse, car sa foi dans l'unité des enfants de Dieu est inébranlable. Certains sont réticents à accueillir des textes du Coran, surtout lorsque monte en Algérie l'into- lérance de certains prêcheurs. Christian de Chergé n'ignore pas les difficultés, mais il situe la démarche, en prophète, avec une « invincible espérance ». « Il avait une terrible avance sur nous, note Paul-Antoine, un membre laïc du "Lien de la paix". Sa vision prophétique le rendait très patient. Il avait la foi que le lien de paix se réaliserait. »

« Le "Lien de la paix" m'aide à rester patient, et exigeant, vis-à-vis de mon Église, confie Christian de Chergé en 1987. J'ai le sentiment d'un recul. On identifie l'islam avec la ligne dure. Nous savons qu'il y a des musulmans qui "voient autre- ment". Nous nous efforçons d'être des "chrétiens qui voient autrement". On n'est pas toujours compris. Rester des "chercheurs de Dieu" ; ne pas se présenter comme ayant trouvé... »

C'est un chemin spirituel de conversion, d'imitation du Christ : « Imiter Jésus Christ, dit Christian, n'est-ce pas s'émerveiller encore de cette présence de l'Esprit qui distribue les miettes du repas même aux non-chrétiens pour qu'ils nous les restituent parfois, en Pain de Vie[3] ? » Le

---

3. « Chronique de l'espérance », janvier 1975.

chrétien accueille les dons que Dieu lui fait par le non-chrétien. Christian est sûr de cette réciprocité depuis qu'un musulman a donné sa vie pour lui, s'est « substitué » à lui.

Le « Lien de la paix » est proche de l'intuition de Louis Massignon au début du siècle, qui institua au Caire avec des chrétiens vivant au Moyen Orient la *Badaliya,* une solidarité de prière, un chemin spirituel de personnes faisant vœu de consacrer leur prière au salut des musulmans. *Badal* signifie substitution, mais il faut l'entendre au sens chrétien de l'évangile de saint Jean : « Il n'y a pas de plus grand amour que de donner sa vie pour ceux qu'on aime. » Les membres de la *Badaliya* faisaient profession d'aimer les musulmans et d'orienter tout leur amour du Christ vers eux. La *Badaliya,* comme le « Lien de la paix », vise une conversion intérieure qui conduit chacun, dans sa voie confessionnelle, vers le Tout-Autre. La *Badaliya* prend son sens dans l'espérance que l'amour deviendra, dans le royaume, une communion d'amitié. Massignon doit sa conversion au Christ à la spiritualité et à l'attitude fraternelle des amis musulmans qui lui ont offert une hospitalité sans limite dans une période de grande crise intérieure. Christian de Chergé a rencontré l'islam par un homme imprégné de la méditation du Coran qui s'est « substitué » à lui, qui a donné sa vie pour lui. Dans ce don, il voit une promesse de communion qui se réalisera en Dieu. Elle passe aujourd'hui, non par des exclusions réciproques, mais par un pèlerinage vers Dieu qui est nécessairement un pèlerinage vers l'autre. Comme avant eux les associés de la *Badaliya,* les membres du « Lien de la paix » trouvent dans la pratique de la prière, du jeûne, de l'aumône, de l'effort vers le bien et du pèlerinage « intérieur » les moyens d'exprimer leur fraternité spirituelle.

À Tibhirine, Christian de Chergé souffre de ne pouvoir

vivre ce « lien » du jeûne du ramadan ouvertement, sans choquer tel ou tel de ses frères. Quand le climat communautaire lui semble trop étouffant, il se réfugie dans la solitude de l'ermitage de Gatioua, sur la montagne qui fait face au monastère. À une des amies du « Lien », il confie, à l'été 1981 : « Je suis enclos dans la solitude d'en face après avoir fui pour trois jours la réalité ambiante de la communauté pour m'enfouir plus avant dans un lien spirituel avec mon autre communauté, un lien dont j'avais FAIM... et je suis venu méditer en paix la réponse d'un jeune voisin (vingt-six ans) : "Le ramadan pour moi ? C'est un cadeau de Dieu pour nous attirer à Lui !" Merveilleuse définition de la croix, et de l'Eucharistie, n'est-ce pas ? »

Pour Christian de Chergé, l'exhortation de Jean-Paul II aux chrétiens d'Ankara est à vivre sans délai : les musulmans « ont comme vous la foi d'Abraham dans le Dieu unique, Tout-Puissant et Miséricordieux [...]. Je me demande s'il n'est pas urgent, précisément aujourd'hui où chrétiens et musulmans sont entrés dans une période nouvelle de leur histoire, de reconnaître et de développer les *liens spirituels* qui nous unissent [4]. »

Moins de dix ans après la naissance du « Lien de la paix », la rencontre interreligieuse de la paix à Assise, en octobre 1986, confirme le petit groupe dans son intuition. Jean-Paul II affirme à la Curie romaine : « Là on a découvert, de manière extraordinaire, la valeur unique qu'a la prière pour la paix, et même que l'on ne peut obtenir la paix sans la prière, et la prière de *tous*, chacun dans sa propre identité et dans la recherche de la vérité.[...] Nous pouvons en effet retenir que toute prière authentique est suscitée par l'Esprit

---

4. *Documentation catholique*, n° 1776, 1979, p. 1052.

saint qui est mystérieusement présent dans le cœur de tout homme [5]. » Mgr Mejia, de « Justice et Paix », affirme la fécondité du rassemblement dans la prière : « Être présent quand un autre prie, dit-il, [...] est un exemple de déplacement, de rencontre, sans autre but que celui de parler avec Dieu, chacun à sa manière [...] en une harmonie secrète et profonde, scandée par le silence extérieur et intérieur. »

Dans l'Église d'Algérie, ce petit groupe est la pointe contemplative de l'amitié. Certains trouvent la démarche naïve, surtout lorsque les tendances plus fondamentalistes de l'islam se manifestent. Les membres du groupe sont, comme les autres, heurtés par des comportements hostiles à l'égard des chrétiens : « Ce "lien", note l'un d'eux, est pour moi lien et aiguillon, fil et aiguille, il m'aide à résister aux courants contraires actuels, à une agressivité permanente. » Le « Lien de la paix », très modestement, ouvre un chemin prophétique dans l'Église. Son enracinement au monastère de Tibhirine le situe comme un des charismes de l'Église d'Algérie, encouragé, parfois avec des nuances, par Mgr Duval et Mgr Henri Teissier, l'évêque-coadjuteur d'Alger, qui succède à Mgr Duval en 1988. Tous sont conscients des difficultés d'un dialogue « en esprit et en vérité » entre chrétiens et musulmans qui vivent en Algérie. En 1989, dans un « plaidoyer pour le respect », Mgr Pierre Claverie, évêque d'Oran depuis 1981, exprime « le désarroi du chrétien que je suis devant le discours monolithique et agressif de la majorité des porte-parole de l'islam en Algérie [6] ». Mais il affirme avec foi la nécessité d'« aborder tout homme, toute culture, toute religion, avec "sympathie",

5. Discours à la Curie, *Documentation catholique* n° 1933, 1987, p. 135-136.
6. In *Lettres et messages d'Algérie*, Éd. Karthala, 1996, p. 43 et s.

dans le souci de connaître et de comprendre, pour discerner l'Esprit saint à l'œuvre dans l'histoire. » Évêque, homme de terrain et responsable d'une communauté de croyants, il prend la parole pour dénoncer les attaques dont les chrétiens sont l'objet dans la presse algérienne. Il demande aux musulmans, non la tolérance pour les chrétiens vivant en terre musulmane, mais le véritable respect et une certaine « réciprocité des droits et des devoirs ». Christian de Chergé, mystique, n'a pas d'exigence *a priori* à l'égard des musulmans. Pour lui, à la manière d'un saint François d'Assise, l'amour de l'autre est premier, gratuit, sans conditions. Sur la montagne de Tibhirine, il se situe non en pasteur, mais en contemplatif, habité par l'espérance de la communion. Ces deux vocations dans l'Église d'Algérie sont complémentaires. Pierre Claverie disait en 1995 à une religieuse : « Ce que vous vivez au "Lien de la paix", c'est plus important que tous les dialogues islamo-chrétiens[7]. » Christian de Chergé et Pierre Claverie sont morts tous les deux, témoins de leur amour pour le Christ et pour les Algériens.

Le « Lien de la paix », ce réseau spirituel, a certainement préparé ses membres au long des années à une solidarité totale avec les Algériens à l'heure où le pays s'est trouvé déchiré par la violence. Six d'entre eux sont morts, comme des milliers d'Algériens et d'Algériennes : frère Henri Vergès tué dans la bibliothèque de la Casbah d'Alger, le 8 mai 1994. Christian Chessel, père blanc de Tizi-Ouzou, assassiné avec trois autres pères blancs le 27 décembre 1994. Sœur Odette Prévost, le 10 novembre 1995, devant chez elle, à Kouba, et trois moines trappistes, Christian, Christophe et Michel, égorgés le 21 mai 1996 avec quatre de leurs frères.

---

7. Propos d'une religieuse membre du « Lien de la paix ».

Christian de Chergé est venu en Algérie pour vivre ce lien spirituel avec des musulmans. Il a le bonheur de partager cette vocation avec d'autres chrétiens, venus de toute l'Algérie. Cela durera dix-sept ans.

Au monastère de Tibhirine, l'esprit du « Lien de la paix » imprègne les relations des moines avec le voisinage.

Ce qui se vit entre les moines et leurs voisins relève d'une amitié pleine de délicatesse et de respect réciproque. Au fil des années, cette communauté de vie partagée dans le travail, placée sous le regard de Dieu, devient un lien au-delà de la frontière de religion. Symbole de ce lien, un double appel à la prière monte de l'enclos du monastère, lorsque, à partir de 1988, les moines prêtent aux voisins une salle d'un bâtiment du monastère, proche de la route, pour en faire leur mosquée. Et l'on entend s'élever dans le ciel bleu de l'Atlas le son argentin de la cloche auquel répond le chant profond du muezzin. La culture populaire algérienne est imprégnée de la pensée de Dieu, les paroles de tous les jours sont émaillées de références à Dieu. Christian de Chergé, en « permanent de la prière », recueille comme des perles précieuses les petites phrases de la vie, les gestes fraternels, il les médite, les savoure, il s'en émerveille et les restitue à son entourage. Ainsi, au fil des années, s'engage avec les voisins du monastère un dialogue spirituel dans la simplicité banale des échanges quotidiens. Christian de Chergé se nourrit des paraboles de la vie. À Tibhirine, dans l'humilité d'une vie paysanne, loin des assemblées savantes, se noue un dialogue islamo-chrétien d'une rare finesse : « Le dialogue qui s'est ainsi institué a son mode propre, essentiellement caractérisé par le fait que nous n'en prenons jamais l'initiative. Je le qualifierais volontiers d'existentiel. Il est le fruit d'un long "vivre ensemble" et de soucis partagés, parfois très concrets.

C'est dire qu'il est rarement d'ordre théologique. Nous fuyons plutôt les joutes de ce genre. Je les crois bornées. Dialogue existentiel, donc, c'est-à-dire à la fois du manuel et du spirituel, du quotidien et de l'éternel[8]. »

La « Chronique de l'espérance » que Christian envoie à sa famille fourmille d'anecdotes glanées dans l'imprévu des rencontres où le chrétien, à l'écoute de la vie, découvre la richesse spirituelle de ses voisins, puisée dans leur tradition musulmane.

Un jour, c'est le facteur qui donne au moine une leçon de confiance. Christian s'inquiète pour lui de la menace de neige sur la route. Celui-ci répond sereinement : « C'est Dieu qui fait la route. » Pourquoi s'inquiéter de ce qu'on ne peut changer ?

Le 1er janvier 1979, Christian rapporte dans sa chronique la visite d'une famille de voisins venue présenter ses vœux de bonne année. « A. interroge : "Sais-tu pourquoi l'année chrétienne ne commence que le 1er janvier, alors que Jésus est né huit jours avant, à Noël ?" *J'ai bien des réponses, mais la sienne m'intéresse davantage.* Vous, vous dites, je crois que c'est parce que Jésus a été baptisé ce jour-là (*ici on pense que le nom français de circoncision est "baptême"*). Nous, nous disons qu'on a commencé à compter l'ère nouvelle à partir du moment où Jésus a parlé pour la première fois, tout enfant, au berceau ; ce fut le premier janvier." » Suit alors la méditation de frère Christian : « Je ne retiens que ce lien merveilleusement signifié entre le Verbe et le temps. Quand le Verbe commence à parler, effectivement, le temps change de sens : "Au

---

8. « Chrétiens et musulmans, pour un projet commun de société », Journées romaines, 1989, in *L'invincible espérance*, p. 168.

commencement était le Verbe [...]." Un lien aussi vieux que le monde : "Au commencement Dieu *dit* [...] ce fut le premier jour !" »

Dans une autre « Chronique », frère Christian rapporte les propos d'une jeune musulmane venue à Tibhirine pour le week-end : « "Je n'ai personne avec qui parler de Dieu [...]. Quand on aime quelqu'un, on souhaite le dire à tout le monde ; mais à la maison ou au travail, personne ne trouve intéressant ce qui compte à mes yeux." [...] Dans l'après-midi, elle sort avec l'amie qui l'a accompagnée au monastère. Derrière elles, un appel : quelqu'un court et vient se planter au milieu du chemin avec deux pleines poignées de cerises. Le premier moment de surprise, voire d'inquiétude, passé, il ne reste plus qu'à accepter ce cadeau absolument gratuit. Au soir, dans le car de retour sur Alger, la jeune musulmane confie à son amie : "Tu sais, j'ai compris quelque chose de très important tout à l'heure." "... ?" "Oui, j'ai compris que Dieu est toujours à courir derrière nous avec les plus beaux fruits de son jardin, mais nous n'en voulons pas..." »

À une correspondante qui vit au milieu de familles musulmanes, Christian de Chergé conseille : « Être au moins capable d'accueillir comme invitations à un élan vers Dieu ou dons de Sa présence les invocations les plus quotidiennes des plus pauvres de nos voisins [...]. Car cela, je crois que c'était instinctif chez Jésus, au témoignage même des Évangiles. »

La relation est gratuite, chacun progressant par le chemin de sa tradition vers le mystère d'une « communion en devenir ». Il n'est pas question de convertir mais de cheminer « vers la face cachée des êtres ».

C'est ainsi que Christian de Chergé répond à la demande d'un jeune du voisinage, orphelin de père, venu lui demander de lui apprendre à prier. Pour ce jeune, il s'agit d'apprendre et de comprendre les rites et les formules de la prière musulmane. Christian de Chergé accepte de l'aider, convaincu que cette demande vient de Dieu, puisque Dieu seul appelle à la prière. Ce jeune se mêle bientôt à la prière communautaire à la mosquée. Il revient partager sa joie avec Christian : « Il faut d'abord entendre avec le cœur [...]. Celui qui aime Dieu, ce n'est pas possible qu'il ne fasse pas ce que Dieu veut [...] celui qui agit a meilleure place auprès de Dieu que celui qui comprend et ne fait pas. » Avec cet homme, un dialogue exigeant s'établit alors au long des années. Christian et lui prennent l'habitude de se retrouver en « chercheurs de Dieu ». Ils appellent cela « creuser leur puits ». Un jour, frère Christian, avec humour, interroge son ami : « Et au fond du puits, qu'est-ce que nous allons trouver : de l'eau chrétienne ou de l'eau musulmane ? » Et l'ami répond sans hésiter : « Tu te poses encore la question ? Au fond de ce puits, ce que l'on trouve, c'est l'eau de Dieu. »

« La prière, c'est regarder dans la direction de Dieu », lui dit un autre jeune musulman.

Chrétiens et musulmans sont invités chacun à progresser vers Dieu par la voie de leur propre tradition. Plus chacun avance dans la connaissance de Dieu, plus les distances entre eux se raccourcissent. Au sommet se réalise la communion en Dieu. Christian emploie souvent l'image de l'échelle. « Nos deux fidélités peuvent apparaître comme deux poteaux parallèles ; ils ne se rencontreront peut-être qu'à l'infini, mais ils sont plantés dans le même fumier : souffrance, maladie, mort en particulier [9] [...]. »

9. « Chrétiens et musulmans, pour un projet commun de société », Journées romaines, 1989, in *L'invincible espérance, op. cit.*, p. 175.

Pour vivre cette émulation spirituelle, il faut donc être en disposition d'hospitalité réciproque, « il y a là pour tous un devoir sacré ».

Pour Christian de Chergé, la plus belle image de l'hospitalité sacrée est donnée par Marie à la Visitation. Elle est remplie du Seigneur, mais elle le porte en silence et c'est Élisabeth qui rend grâce. « L'Église en ce pays ne se présente-t-elle pas exactement comme Marie en face d'Élisabeth ? En effet, qui d'entre nous sait vraiment comment établir le lien entre ce Jésus universel qu'il professe et cet islam confessé par tant d'hommes droits comme un appel dont Dieu seul a pris l'initiative ? Et quel chrétien tant soit peu ouvert et attentif n'a pas été frappé de voir des amis, des voisins musulmans, lui restituer l'Évangile en parole et en actes [10] ? »

À l'écoute de la vie et des valeurs communes, Christian de Chergé se veut aussi à l'écoute du Livre qui nourrit ses voisins. Chaque jour, il s'exerce à un temps de lecture du Coran, en arabe avec une version française. Il médite le Coran en chrétien. Il souffre lorsque des chrétiens arabophones lui font remarquer qu'il traduit les mots arabes en leur donnant une consonance chrétienne. Son approche de l'islam est tournée vers l'islam populaire et mystique, avant sa rencontre en face à face avec l'islamisme, en 1993.

Il n'ignore pas la dimension sociale et politique de l'islam, mais il choisit de ne pas s'y arrêter. Sa souffrance est à son comble lorsque des chrétiens adoptent à l'égard de l'islam une attitude de défenseurs de la Vérité face au Mal, attitude en contradiction avec les textes du Concile et ceux des évêques d'Algérie. C'est ainsi qu'il réagit avec vigueur à

---

10. « Chronique de l'espérance », n° 14, 1977.

l'article signé par un « prêtre missionnaire en Afrique du Nord » dans la revue *Tychique,* de la communauté du Chemin neuf à Lyon : « Dans son astuce, écrit ce prêtre, le Malin a réussi à faire croire que l'insoumission était soumission (islam) et que l'erreur est vérité [11] [...]. » Christian sort pour la première fois du silence monastique et répond par un long témoignage intitulé : « Prier en Église à l'écoute de l'islam », qui résume la démarche spirituelle qui est la sienne. « Il y a une écoute fraternelle de l'islam qui peut nous ramener au cœur même du mystère de Dieu, dans un humble attachement à un Christ toujours plus grand que ce que nous pouvons en dire ou en vivre. » Chrétiens et musulmans sont frères parce que pardonnés, enfants de la même miséricorde. Une rencontre authentique exige que chacun s'efforce de vivre vraiment ce qu'il croit. « Sans cette quête inlassable d'une réelle cohésion intérieure et pratique, il ne peut y avoir perception de ce qui nous unit à l'autre, s'il est vrai, comme je le crois d'expérience, qu'on finit toujours par rencontrer l'autre au niveau où on le cherche vraiment [12]. »

---

11. *Tychique,* n° 34, novembre 1981, p. 48-55.
12. *Tychique,* n° 42, 1983, p. 52-54.

VIII

PRIEUR DE TIBHIRINE

« Ma communauté. »

Le 11 mars 1984, le père Aubin, le portier au cœur large, prêt à se laisser déranger par tous les gamins du quartier, ancien maître d'école à Tibhirine, s'éteint brusquement. « Son enterrement a été une révélation pour tous [...]. La grande foule des "petits" du voisinage, dans un merveilleux recueillement, subjuguait les quelques chrétiens qui avaient pu se joindre à nous [1]. » Christian de Chergé vit douloureusement le départ d'un moine aimé du voisinage et avec qui il a toujours entretenu des relations très fraternelles, sans beaucoup de paroles, à la manière rude des moines.

Notre-Dame-de-l'Atlas est arrivée à une nouvelle étape de son existence. Le monastère dépend de Notre-Dame d'Aiguebelle qui désigne depuis 1962 les supérieurs successifs. Ce statut provisoire a été renouvelé de trois ans en trois ans. Depuis treize ans, frère Christian désire que Tibhirine devienne une communauté autonome avec un supérieur élu par ses frères pour qu'un projet monastique vraiment adapté à la réalité du pays puisse prendre forme en Algérie. À la

---

1. Lettre à V. Desprez, 18 avril 1984.

veille du chapitre général de l'ordre des cisterciens qui doit
se tenir en mai à Holyoke (Massachusetts) aux États-Unis,
l'abbé d'Aiguebelle entreprend de régulariser la situation du
petit monastère de l'Atlas. Frère Christian suggère de le
constituer en prieuré autonome, un statut plus modeste et
mieux accordé à la situation algérienne que celui d'abbaye.
Les frères présents approuvent. Il reste à élire le prieur parmi
les neuf moines qui ont fait vœu de stabilité en Algérie. Six
seulement sont présents le 31 mars 1984 pour participer au
vote. Dom Jean de la Croix, l'actuel supérieur, souhaite
passer les rênes à Christian de Chergé, à qui il reconnaît le
charisme d'un prieur. Mais Christian ne fait pas l'unanimité
dans la petite communauté. Ses positions audacieuses sur
l'islam, son style, son autorité rebutent certains religieux. Au
troisième tour, il est finalement élu[2]. Les frères ont admis
que ce moine de quarante-sept ans, exceptionnellement doué
et passionné par l'Algérie, représente l'avenir de leur
communauté. « Ce départ du père Aubin aura créé entre
nous, note Christian de Chergé[3], un surcroît de confiance
mutuelle, et de foi en l'à-venir de Dieu, qui a permis que
l'élection soit paisible, détendue, rapide. Je me savais en lice,
bien sûr, mais tout s'est passé autrement que prévisible et la
communauté, entraînée par la Pâque de l'un des siens,
continue de vivre une étonnante communion pascale. »

Fort de la confiance de ses frères, frère Christian peut enfin
entraîner la petite communauté vers sa vocation monastique
chrétienne particulière dans le monde musulman. À peine élu

---

2. Trois moines de l'Atlas, absents, n'ont pas pu prendre part au vote. C'est le
cas du père Pierre Faye, un Africain, dont Christian de Chergé est proche. Pierre
Faye a été appelé au monastère de Koutaba, au Cameroun. Il revient à Fès en 1988.
Il meurt le 2 février 1992.
3. Lettre à V. Desprez, 18 avril 1984.

prieur, il s'envole, un peu à contrecœur, pour le chapitre général de l'ordre des cisterciens aux États-Unis qui doit préparer la modernisation des règles de l'ordre (ses constitutions), dans l'esprit du Concile. Ce moine épris d'absolu et de pauvreté, qui semble prendre goût à ramer à contre-courant, nourrit quelques préventions contre la culture américaine et les réunions de dirigeants ! Dans cette assemblée d'abbés, le jeune prieur de l'un des plus pauvres des monastères cisterciens se sent l'âme d'un va-nu-pieds. Le cérémonial des grandes assemblées le rebute. Et pourtant, il a bien l'intention de faire entendre la « petite voix » dissonante de Tibhirine et de parler à tous ces responsables de monastères de ce qui lui tient le plus à cœur : la rencontre avec les croyants musulmans. Il va d'ailleurs, dès ce premier chapitre général, faire modifier la constitution concernant l'hospitalité dans les monastères. Réservée dans la règle de saint Benoît aux hommes « qui accueillent notre foi », il obtient de l'élargir « aux hommes de bonne volonté ». À Tibhirine, tous les hommes et les femmes qui sont des chercheurs authentiques de Dieu sont les bienvenus. S'ils ne sont pas chrétiens, leur chemin de foi est respecté. En 1984, l'ouverture monastique vers les autres religions est une option encore assez nouvelle, et plus orientée vers le bouddhisme que vers l'islam[4]. Tous les abbés présents à Holyoke se souviennent de ce jeune prieur, mince et ascétique, souriant et assuré, prenant la parole pour leur lire un message d'un petit groupe de soufis de Médéa : « Dis-leur à tous ces hommes de prière venus du monde entier que, partout où ils sont, il leur faut être attentifs

---

4. À la demande de Paul VI, les ordres religieux contemplatifs ont créé en 1979 une instance de « dialogue interreligieux monastique » (DIM) pour promouvoir des initiatives en ce sens. Christian de Chergé a contribué à sensibiliser le DIM à la rencontre islamo-chrétienne.

à tous les autres chercheurs de Dieu, quels qu'ils soient, pour faire avec eux ce que nous faisons ici ensemble, un petit bout de chemin vers Dieu et vers l'homme... C'est l'urgence que Dieu nous confie aujourd'hui, à tous les priants, et si nous ne le comprenons pas, il n'y aura jamais de réconciliation dans le monde. » Il repart, assez content de son impertinence, avec en poche une réponse du chapitre général à ses amis musulmans : « Chers frères en Dieu [...]. Nous sommes heureux de vous rencontrer sur notre route où, nous aussi, tâchons de chercher Dieu [...]. Nous vous remercions pour votre geste d'amitié qui nous encourage à ne pas faiblir dans notre marche, poussés par le désir, qui brûle aussi en vos cœurs, de voir tous les hommes s'unir de proche en proche dans l'amour de Dieu et la paix entre frères. »

À Holyoke, Christian de Chergé a fait la connaissance d'un autre tout jeune supérieur, l'Argentin Bernardo Olivera. Élu abbé général des trappistes en 1990, dom Bernardo choisira de faire à Tibhirine, en juin 1991, sa première visite de responsable de l'ordre, encourageant le prieur de l'Atlas dans sa vision monastique prophétique et son souci d'« inculturation », c'est-à-dire d'inscription en profondeur de la foi chrétienne dans la culture locale.

Devenu prieur, Christian de Chergé s'applique à concrétiser ses intuitions, en y entraînant peu à peu une communauté qui se renouvelle. Mais il doit dompter son impatience et son goût d'absolu. Les frères ont choisi de faire confiance à Christian, mais ses fortes convictions et ses qualités intellectuelles sont pour certains étouffantes. Un moine ou l'autre quitteront Tibhirine parce qu'ils en souffrent, ou parce que le projet du nouveau prieur ne correspond pas à leur vocation. D'une exigence extrême avec lui-même, admettant difficilement la demi-mesure, le prieur paraît sévère avec ses plus proches. Été comme hiver, il marche pieds nus dans ses sandales. « Si j'ai froid, je sais pourquoi », répond-il avec un sourire têtu à ceux qui s'en inquiètent. « Tu ne peux pas savoir comme tu m'écrases », lui a dit un jour un moine ancien à l'Atlas. Un autre se sent humilié par une remarque blessante en réunion capitulaire. Certains frères souffrent de mal connaître l'arabe et l'islam. En ce domaine, Christian est le seul à avoir reçu une formation sérieuse ; ils doivent se contenter d'écouter et d'approuver. Les mille tâches du monastère ne leur laissent pas le loisir de beaucoup étudier.

Le prieur possède un charisme et une profondeur spirituelle qui attirent à lui des chrétiens de toute l'Algérie. Il connaît les communautés chrétiennes de tout le pays ; la vie des hommes et des femmes les plus intégrés à la société algérienne le passionne. Des provinciales, des mères générales viennent le consulter. « Un peu comme saint Bernard, confie un moine, il était une conscience de l'Église d'Algérie. Et nous, nous n'étions pas tellement gâtés ! » Dans les premières années de son priorat, les frères se sentent parfois les « mal-aimés », passant après les occupations intellectuelles de leur prieur ou ses relations avec les hôtes ou les musulmans.

Pressé de bien faire, sûr de sa ligne, Christian de Chergé a parfois du mal à admettre la compétence des autres. Le maître des novices souffre que le prieur ne tienne pas compte de son avis. Avide de recruter des jeunes pour Tibhirine, Christian de Chergé se montre aussi très exigeant avec des novices souvent mal accordés au charisme austère de l'Atlas. Les départs d'un postulant américain, d'un Espagnol, d'un Italien, puis de frère Philippe, profès temporaire durant six ans à l'Atlas, constituent autant d'épreuves pour le prieur.

Les jeunes ont du mal à durer dans un monastère pauvre, tenu d'une main ferme par un prieur visionnaire.

Christian souffre de ses limites. L'éducation qu'il a reçue et la réserve monastique lui rendent difficile l'expression d'une amitié chaleureuse en communauté. Des femmes, religieuses ou laïques consacrées en Algérie, l'aideront par leur amitié. « Christian a conscience de ses rudesses et il en souffre fort », résume l'une de ces grandes amies. « Il est certains jours très tendu, des relations difficiles le font énormément souffrir. D'une grande sensibilité, il se sait aussi assez fragile. Certains jours, son visage porte un masque douloureux, l'expression de quelque combat intérieur. » Un moine qui l'a bien connu se souvient qu'à deux reprises le prieur a manifesté à son égard, dans des moments de difficulté personnelle, une rare qualité d'écoute et une profonde tendresse. « À ce moment-là, j'ai senti que j'avais touché son cœur. Quelques mots de lui m'ont remis debout. J'ai pour lui une grande reconnaissance. Mais cette tendresse était peu perceptible au quotidien. » Le religieux garde précieusement un petit mot du prieur : « Père, il faut que tu reposes en paix. J'ai sans doute été maladroit, mais ce que je voulais te dire tient en deux lignes : Dieu est au centre de notre histoire... Je pense que le succès de ta vie est encore à venir et qu'il viendra avec la joie profonde de rester ici sans autre responsabilité que l'accueil du quotidien comme don de Dieu. »

Lorsque Christian de Chergé part au chapitre général d'Holyoke, la communauté dont il vient d'être élu prieur compte seulement huit moines, plutôt âgés, sur qui reposent les lourdes tâches matérielles et spirituelles d'un monastère vivant de son travail agricole, largement ouvert aux chrétiens d'Algérie originaires de tous les continents, et attentif au peuple qui l'entoure. Le frère Luc est tout entier absorbé au dispensaire où l'attend chaque jour une longue « chaîne » de malades.

À Holyoke, le nouveau prieur lance un appel aux monastères cisterciens pour qu'ils envoient des moines en renfort à l'Atlas, puisque ce monastère, situé en pays presque entièrement musulman, est le seul à ne pouvoir recruter sur place.

Entre 1984 et 1989, cinq moines déjà expérimentés, des hommes mûrs, choisissent l'Algérie. Trois d'entre eux viennent de l'abbaye cistercienne de Bellefontaine, dans le pays verdoyant de Cholet. Ils ont tous un parcours personnel original. En mars 1984, un prêtre de Constantine, en Algérie, s'est arrêté au monastère de Bellefontaine. Il a parlé aux novices du monastère de Notre-Dame-de-l'Atlas, le poumon contemplatif de l'Église d'Algérie, qui manque cruellement de moines. Sans se consulter, dans les jours qui suivent, trois futurs moines vont trouver le maître des novices pour lui dire : « Dieu m'appelle en Algérie pour aider Tibhirine. » Michel Fleury part le premier, dès l'été 1984. Il a juste quarante ans. C'est un homme humble et timide, amoureux des pauvres, qui a longtemps travaillé à Marseille au milieu des travailleurs maghrébins. Entré en 1980 à Bellefontaine par goût du silence, il n'est pas très à l'aise dans ce grand monastère. Il s'adapte très vite à la vie simple de Tibhirine, aux relations dépouillées avec des voisins pauvres. Christian de Chergé peut rapidement s'appuyer sur ce frère qui partage son goût de la pauvreté et sa curiosité pour l'islam et sa tradition mystique. Aux réunions communautaires, Michel se range souvent à l'avis du prieur.

Par ailleurs, frère Célestin est un personnage. Ordonné prêtre en 1960, il a été longtemps éducateur de rue à Nantes, dans les milieux de prostituées et de drogués, avant de choisir

tardivement le silence de la vie monastique. Son choix a
surpris tout le monde, car frère Célestin est un homme de
relations, chaleureux et extrêmement bavard ! En entrant à la
trappe, il a écrit à ses amis : « Mon cœur a entendu cet appel :
tu te dois de poursuivre tes liens d'amitié, de solidarité avec
tous tes frères malades, guéris, ou en traitement, ou non
encore rencontrés, en les quittant physiquement, pour être de
cœur encore plus fort avec eux... » Il a lui aussi une relation
personnelle avec l'Algérie. Pendant son service militaire, il
a soigné un combattant algérien blessé. Quinze ans plus tard,
il a eu la surprise de voir arriver à Bellefontaine le fils de cet
homme, qui le recherchait pour le remercier.

Célestin arrive à Notre-Dame-de-l'Atlas en 1986, à
cinquante-deux ans, et met son sens du contact au service de
l'hôtellerie. Le 1er mai 1989, dans une chapelle bondée, il
prononce ses vœux définitifs à l'Atlas. Mgr Teissier, l'archevêque d'Alger, situe cet engagement au service de l'Église
d'Algérie qui « n'est pas fermée sur elle comme pour
conserver un trésor. Notre Église est un sacrement, un don
de Dieu non seulement pour les chrétiens qui en sont fils,
mais pour tous les hommes dont elle doit se faire proche ».

Frère Bruno est lui aussi entré tardivement dans la vie
contemplative, après avoir exercé, comme prêtre, les fonctions de directeur de collège. Fils de militaire, c'est un
homme pondéré et classique. Il arrive à l'Atlas en 1989, et
sera très vite volontaire pour la communauté fille de Tibhirine qui vient de s'ouvrir à Fès, au Maroc. L'abbaye cistercienne de Tamié, en Savoie, participe aussi au renouveau de
Tibhirine. Un jeune moine, doué de chaleur humaine et de
finesse spirituelle, frère Christophe, avait fait un essai à
Tibhirine en 1976. Il avait eu du mal alors à s'ajuster à la
personnalité forte de Christian de Chergé. Mais, apprenant

que Notre-Dame-de-l'Atlas a besoin d'hommes, il se porte volontaire pour y retourner, en 1987. Il a trente-six ans. Au cours des années, une confiance réciproque naît entre les deux hommes, Christian et Christophe, à la forte stature intellectuelle et spirituelle. La communauté y gagne un meilleur équilibre. Le dernier arrivé, en 1989, à cinquante ans, frère Paul, est un Savoyard, venu lui aussi à la vie contemplative à Tamié après des années de vie active comme plombier, un homme solide, précieux.

Rassuré sur l'avenir d'une communauté rajeunie, entouré d'hommes aux personnalités fortes, Christian de Chergé apprend à devenir un prieur plus humain et plus fraternel. Il avoue parfois souffrir lui aussi de l'isolement de Tibhirine. En janvier 1986, il n'a pas reçu de courrier de sa mère depuis de longs mois, probablement par faute des postes. « Inutile de se plaindre, ajoute-t-il, puisque tout cela fait partie du contrat[5]. » Il abandonne progressivement le style autoritaire des premières années, avec une communauté dont chacun des membres, du plus ancien au plus jeune, a fait le choix comme lui d'une vie fraternelle et contemplative au cœur du peuple algérien. Devenu responsable de la communauté, Christian de Chergé se met davantage à avancer au rythme de ses frères. « L'originalité, l'audace de sa recherche d'une vie monastique incarnée dans un peuple et à l'écoute de la tradition religieuse de l'autre, de la prière de l'autre, étaient infatigables, mais en cela c'est en communion avec ses frères qu'il avançait », témoigne une religieuse qui l'a bien connu. Peu à peu, l'engagement dans le projet commun de chacun, avec son charisme propre, enracine davantage le monastère dans l'Église d'Algérie et dans sa solidarité avec un peuple.

---

5. Lettre à M. D., 11 janvier 1986.

À Tibhirine, la vie des moines, dans la tradition bénédictine, s'organise autour de la prière et du travail (*ora et
labora*). Christian de Chergé croit possible un partage
humble entre chrétiens et musulmans sur ces deux registres.
Pour la prière, les moines ont été sollicités par le petit groupe
de soufis qui participe désormais au « Lien de la paix ».
Expérience modeste, très en marge de l'islam majoritaire en
Algérie, mais qui a pour Christian de Chergé valeur anticipa-
trice. En 1988, la construction de la mosquée du village est
en panne, faute de moyens. La communauté monastique
prête aux villageois une grande salle de l'un des bâtiments
du monastère, avec un accès direct sur la route. Les après-
midi, les moines entendent, de l'autre côté de la cloison, les
gamins de l'école coranique scander en cadence leurs versets
coraniques. La proximité de la prière musulmane et de la
prière chrétienne enchante Christian de Chergé : « Ainsi,
cloche et muezzin se correspondent ou se succèdent à l'intérieur du même enclos, et il est difficile de ne pas accueillir
l'appel à la prière, d'où qu'il vienne, comme un rappel de la
communion qui prévaut au cœur de Celui vers qui nous nous
tournons avec le même abandon[6]. » Dans le contexte rural
de Tibhirine, cette proximité sans confusion des deux
louanges a valeur prophétique. Elle est le fruit d'une longue
expérience de vie côte à côte, et de confiance. Pour des chrétiens des villes, qui vivent en Algérie quotidiennement une
affirmation islamique qui se montre de plus en plus hostile
aux chrétiens, ce geste paraît trop idéaliste. Certains s'interrogent : comment ce témoignage peut-il trouver sa place
quand l'islam majoritaire proclame que la seule religion

---

6. « Chrétiens et musulmans, pour un projet commun de société », 1989, in *L'invincible espérance*, p. 191.

naturelle est l'islam et refuse le droit à l'expression d'une différence ? Pour beaucoup de musulmans aussi, cette générosité est suspecte. Christian de Chergé n'ignore rien de ces difficultés. Il n'a qu'une réponse : l'urgence de la vie fraternelle et de l'espérance, sans rien exiger de l'autre. Sur son carnet de notes, il a recopié l'homélie radiodiffusée du cardinal Duval de Noël 1988 : « La plus haute dignité de l'homme, c'est l'amour fraternel. Ne croyez pas, mes frères, qu'en disant cela nous sous-estimions l'amour dû au Créateur. La vérité, c'est que l'amour fraternel est le signe distinctif d'un authentique amour de Dieu. S'ils n'étaient pas accompagnés d'un amour fraternel véritable, les hommages que nous adressons à Dieu pourraient être des contre-témoignages, voire des blasphèmes [...]. L'amour fraternel dont il s'agit n'est pas un amour quelconque, limité à une catégorie d'hommes [...]. L'amour qui est l'honneur de l'homme et un hommage à Dieu, c'est l'amour universel, l'amour de l'homme en tant qu'homme. »

Dans le domaine du travail, Christian de Chergé veut tourner définitivement la page d'une époque marquée par un certain paternalisme, du temps où les moines étaient les propriétaires de la terre et les voisins leurs salariés. L'arrivée de frère Christophe en 1987, responsable du jardin, permet de créer une véritable association de travail. Quatre jeunes pères de famille partagent désormais à parts égales avec les moines le travail et la vente des produits maraîchers sur les six hectares de l'exploitation.

Frère Luc soigne avec une compassion bourrue depuis 1947 des malades venus de toute la région. Avec lui, les moines participent de manière concrète aux souffrances et aux joies du peuple qui les entoure. Certains jours, le monastère bruit des conversations de la foule qui attend à l'entrée du dispensaire. En 1985, frère Luc, très fatigué, a envisagé de se retirer. D'Alger, le cardinal Duval supplie le prieur de trouver un remplaçant au médecin. Christian de Chergé n'est pas convaincu que ce service fraternel soit nécessaire à la vie du monastère. Il estime que l'exemple d'une vie de prière suffit à gagner la confiance des Algériens. Mais l'archevêque d'Alger veut que la sollicitude des moines chrétiens pour leur entourage continue de se manifester concrètement. Finalement, frère Luc choisit de poursuivre son service, malgré son grand âge et son asthme. En 1988, le départ de Mme De Smett, une veuve belge qui tenait depuis les années 50 un service de santé dans les bâtiments du monastère, permet à frère Luc d'aménager son dispensaire dans une aile plus éloignée des bâtiments des moines, avec un accès extérieur. La porterie en est soulagée et la sérénité monastique un peu restaurée. Frère Luc reçoit parfois jusqu'à cent visiteurs par jour ! Ce service est reconnu par l'entourage. À la mort des moines, sur les registres de condoléances mis à la disposition de la foule anonyme au Trocadéro, à Paris, plusieurs Algériens déposeront un merci particulier à frère Luc. « Pour les moines qui m'ont soignée, qui m'ont réconfortée quand j'étais malade », écrit une femme de Médéa.

Pour Christian, il s'agit de mettre en pratique, dans la pauvreté cachée de Tibhirine, le « projet commun de société » auquel sont appelés les croyants chrétiens et musulmans et qu'il résume avec conviction dans une présentation aux Journées romaines en 1989[7]. Utopie de ce projet vécu dans l'isolement d'un village de montagne entre des moines

---

7. « Chrétiens et musulmans, pour un projet commun de société », in *L'invincible espérance, op. cit.*, p. 167 et s. Les Journées romaines, rencontre de chrétiens vivant dans des pays musulmans, sont organisées par le PISAI (Institut pontifical d'études arabes et islamiques).

et des paysans dépendant les uns des autres ? « L'exception m'intéresse aussi ! répond par avance Christian de Chergé aux sceptiques. Dira-t-on, en effet, que le moine n'est pas un "vrai" chrétien sous le seul prétexte qu'il est, effectivement, plutôt "rare" ? » Cette expérience existentielle, « fruit d'un "long vivre-ensemble" et de soucis partagés », relève pour le prieur de la « fonction prophétique de l'Église », une fonction assumée à Tibhirine, mais « destinée à jeter des ponts ailleurs ».

Engagé à Tibhirine dans un « pèlerinage » vers Dieu et vers ses frères de l'islam, Christian de Chergé se fait aussi « pèlerin » du dialogue lors des assemblées générales de l'ordre des cisterciens. Dans ces grandes rencontres de moines venus surtout des pays nantis, il s'inscrit en « franc-tireur », volontairement provocateur, parfois un peu blessant, invitant les monastères « à ne pas rester dans des clôtures préfabriquées en Europe [8] ». Il insiste sur la vocation des moines à la pauvreté, la simplicité, la solidarité avec les peuples du tiers monde. En septembre 1993, à Poyo, en Espagne, il fait circuler un texte virulent, reprochant aux monastères européens de ne pas être assez attentifs à ce que vivent les jeunes Églises des pays du tiers monde. « On pourrait s'interroger sur la façon dont le monachisme doit se laisser interpeller par l'urgence d'un dialogue humanitaire Nord-Sud. Je vois là un authentique défi que le monde actuel nous adresse, et aussi une façon de nous situer plus concrètement face à ce qu'il est convenu d'appeler les "jeunes Églises" [9]. » Son ardeur n'est pas toujours comprise.

---

8. « Saint Benoît, patron de l'Europe au regard de l'Afrique », *Lettre de Ligugé*, n° 209, 1981.

9. Conférence au chapitre général de Poyo, 1993, in *Sept vies pour Dieu...*, p. 86.

Un seul monastère cistercien comprend des moines arabophones : celui de Latroun, en Israël, qui compte, avec son annexe du Liban, une trentaine de moines et de novices, dont la majorité sont des chrétiens arabes, de huit nationalités et de cinq rites chrétiens. Christian rêve d'engager avec ce monastère un partenariat et une réflexion commune sur le dialogue interreligieux. Peut-être espère-t-il un jour recevoir à Tibhirine des jeunes moines arabophones. Il veut poser les jalons d'une sorte d'internationale monastique du dialogue islamo-chrétien. Il est profondément sensible au drame libanais, et en 1991, il sera atterré par la guerre du Golfe qui creuse encore le fossé Nord-Sud et Occident-Islam.

En 1986, il se rend à Latroun et au Liban, et des échanges s'instaurent entre les monastères israélien et algérien. Le père Louis Wehbé, de Latroun, séjourne à Tibhirine en 1987, le père Christophe se rend à Latroun en 1990, et frère Philippe au Liban, en 1992. Christian de Chergé écoute avidement Louis Wehbé, moine arabe, lui demandant de l'aider à approfondir sa connaissance de l'arabe et de l'islam. Mais Latroun, par sa situation, est plus engagé dans l'œcuménisme chrétien et le dialogue avec le judaïsme que dans la rencontre avec l'islam. Là encore, Christian de Chergé marche en tête de cordée. « J'ai aussi pleinement conscience que je te laissais quelquefois sur ta faim, témoigne le père Louis dans une lettre écrite à Christian après sa mort, ne répondant pas assez à ton attente, ne pouvant pas partager sans réticence ta vision optimiste et ton amour immense pour l'islam. Tu attendais un peu plus de l'Arabe que je suis. Je ne pouvais me défaire de ma sensibilité de chrétien du Proche-Orient et je pensais que ma fidélité chrétienne à ma propre identité devait passer par ces réserves vis-à-vis de l'islam.

Aujourd'hui que tu as scellé ton témoignage dans le sang,

je commence à me rendre compte que le vrai chrétien, c'était toi [...]. Je n'oublierai pas cette conversation que nous avons eue quelque part à Larnaka, assis sur un banc de pierre sur la voie publique et où tu me citais avec émotion ce verset coranique, en arabe : "Mon Seigneur, j'ai grand besoin du bien que tu feras descendre sur moi" (28, 24). »

Une religieuse venue à Tibhirine avec des chrétiens d'Orient qui ne partageaient pas toujours la vision optimiste du prieur de l'islam se souvient que l'un d'eux avait murmuré : « Il aime tellement les musulmans qu'il y versera son sang. »

Christian de Chergé, contemplatif, n'est pas un homme apaisé. Il est continuellement en marche, poussé en avant par un insatiable désir d'union à Dieu et de communion avec tous ses frères. Au chapitre général de Poyo, en septembre 1993, dom Bernardo l'invite à parler de "l'identité contemplative cistercienne". Son exposé porte la marque d'une brûlante lutte intérieure : « L'identité contemplative cistercienne... Je n'aime pas beaucoup cette expression [...] elle peut laisser sous-entendre que la contemplation se donnerait à posséder comme une identité, comme un état stable. Or, à mon sens, la contemplation est de l'ordre de la recherche, ou elle n'est pas. Elle implique ici-bas une démarche, une tension, un exode permanents. C'est l'invitation faite à Abraham : "Marche en ma présence." J'essaie donc de marcher, et j'avoue que cette marche creuse ma faim de "voir" la présence plus qu'elle ne la rassasie. C'est le lieu (en Espagne !) de laisser saint Jean de la Croix me consoler : "Tous ceux qui s'exercent sérieusement dans le chemin de l'esprit ne sont pas élevés par Dieu à la contemplation. Non, pas même la moitié d'entre eux. Lui seul en sait la raison."

De plus, il y a cette sagesse qui fait dire à la mystique

musulmane : "Il n'est pas vraiment soufi, celui qui se déclare soufi" [...].

Et puis, tant que je suis en chemin, je ne suis plus en conflit d'identité : est-ce moi qui vis ? Est-ce le Christ en moi ? J'aspire à cette identité nouvelle : "le nom de l'Agneau sur moi, et celui du Père". Si mon identité me préoccupe encore, c'est qu'il me manque la claire vision de Celui qui me la donnera en se donnant lui-même à voir : "Quand tu es là, je ne sais plus que j'existe", dit l'amant à l'Aimé [10]. »

Le prieur est habité par la conviction que les moines ont un rôle prophétique à jouer dans la rencontre entre christianisme et islam. Il le dira fermement lors d'une conférence importante du Dialogue interreligieux monastique (DIM) [11], où il est le seul porte-voix d'un chemin spirituel à frayer en direction de l'islam : « L'autre me concerne. C'est en tant qu'il est autre, étranger, musulman, qu'il est mon frère. Sa différence a du sens pour moi, dans ce que je suis. Elle donne de la consistance à notre relation mutuelle, comme à notre quête commune d'une unité en Dieu. »

Christian de Chergé s'est interrogé sur ce que saint Benoît, le patron du monachisme européen, qui a vécu au Ve siècle, aurait bien pu penser de l'islam ! « Disons que certaines valeurs de la Règle sont colportées par la tradition coranique et soigneusement entretenues par les meilleurs de nos voisins [12]. » « Les moines existent dans la tradition coranique », affirme-t-il. Il connaît les sourates du Coran hostiles

---

10. Conférence au chapitre général de Poyo, 1993, in *Sept vies pour Dieu...*, *op. cit.*, p. 79 et s.

11. « Dialogue intermonastique et islam », in *L'invincible espérance, op. cit.*, p. 211.

12. Lettre à V. Desprez, 11 novembre 1980, et « Saint Benoît, patron de l'Europe au regard de l'Afrique, *Lettre de Ligugé*, n° 209, 1981.

aux moines chrétiens (9, 31-34), mais il médite plutôt celle qui recommande le respect des moines (5, 82) et la belle sourate de la Lumière, qui décrit les hommes de Dieu dans des termes où il reconnaît l'idéal monastique (24, 35-36). Comme Massignon, il voit dans la tradition mystique musulmane, et dans la pratique religieuse des hommes simples et croyants du voisinage, des convergences fortes avec la tradition monastique chrétienne. Il énumère tous les lieux où les deux traditions peuvent se rejoindre : « Prière rituelle, prière du cœur (*dhikr*), jeûne, veilles, aumône, sens de la louange et du pardon de Dieu, foi nue en la gloire du Tout-Autre et en la "communion des saints" [13]. »

Prieur d'un monastère isolé dont « la plus stricte clôture est culturelle et cultuelle », Christian de Chergé s'inquiète d'alimenter spirituellement la communauté. Les retraites et conférences données dans ce couvent perché dans la montagne algérienne témoignent d'une rare curiosité intellectuelle : le père Youakim Moubarac, prêtre libanais et théologien du dialogue islamo-chrétien, venu parler de « l'arabité spirituelle », l'abbé de la trappe, dom Marie-Gérard Dubois, un spécialiste de Charles de Foucauld, des théologiens se succèdent à Tibhirine. En 1991-1992, avec un jeune prêtre philosophe qui vit alors à Blida, les frères pratiquent un véritable cours de recyclage philosophique. Il est beaucoup question d'Emmanuel Lévinas, dont la pensée sur l'interdiction de tuer et sur le visage de l'autre va alimenter la propre réflexion du prieur. Christian invite une religieuse libanaise à initier les nouveaux venus à l'arabe littéraire. Une sœur blanche anime plusieurs sessions d'islamologie à partir de 1989. Elle explique le contenu du nouveau Code de la

---

13. Chapitre général de Poyo, *Sept vies pour Dieu...*, *op. cit.*, p. 94.

famille adopté par l'Algérie en 1984, très inspiré de la
charia, et qui marque une rupture avec la laïcité du fait des
premières années de l'indépendance. La dernière retraite,
quelques semaines avant l'enlèvement des moines, en mars
1996, sur le thème des Béatitudes, a été prêchée par le père
Bernard Rerolle, mariste, spécialiste du dialogue avec le
bouddhisme !

Au réfectoire, on lit Jean Sulivan, Édith Stein, autant que
les Pères du désert ou la vie de saint Bernard...

À la chapelle, le chœur des moines ne compte que huit
voix : la liturgie n'en mérite que plus de soin. À partir de
1990, un moine de Tamié, le père Philippe Hémon, est invité
à renouveler et enrichir le répertoire des chants liturgiques.
Christian a écrit plusieurs antiennes : « Voici l'heure de
l'Adoration véritable : un feu dévore au plus profond de mon
être : "partir à la rencontre de la Croix..." – Maîtriser ce
Feu... Qui le pourrait ? »

Le responsable de Tibhirine souhaite que la décoration de
la chapelle, sobre, respecte la sensibilité musulmane. Christian de Chergé fait réaliser une icône de la croix, pour
remplacer l'ancien crucifix. Pour les musulmans, l'image du
Christ mort, nu sur la croix est un scandale. Dieu ne peut
pas être vaincu. Une religieuse ermite de l'Aveyron peint
l'icône en suivant les deux consignes du prieur : que le
regard du Christ soit tourné vers le Père, et que Marie ne soit
pas en pleurs au pied de la Croix, mais qu'elle chante le
Magnificat. L'icône épouse la forme du corps. Elle représente
un Christ glorieux, vêtu d'une tunique de lumière et d'une
chlamyde pourpre, couleur royale. Marie a les mains levées,
en orante, et saint Jean se tient, affligé, de l'autre côté de la
croix. Les clous sont transfigurés en sources de lumière,
sortes d'étoiles en feuille d'or, comme le fond de l'icône,

symbole de la lumière divine. La croix elle-même est plantée jusqu'au cœur de la terre. Au-dessus de la croix, une inscription dit en arabe : « Il est ressuscité ! »

On sait la place que tient dans la vie spirituelle de Christian de Chergé la croix, « scandale pour les juifs, blasphème pour les musulmans [14] ». Pour parler de la croix dans ce pays, il adopte l'attitude de Marie : « Se tenir là, en silence, comme Marie, bras étendus pour tout offrir, joies et souffrances mêlées, pour tout accueillir, glaive et gloire à la fois. [...] La dignité de l'homme est d'être une croix [...]. » En 1993, Christian rapporte un échange d'une rare profondeur avec un ami soufi, qui sert de support à sa méditation :

« – Et si nous parlions de la croix ? me demandait récemment un de nos amis soufis [...].

– Laquelle ? lui demandai-je.

– La croix de Jésus, évidemment.

– Oui, mais laquelle ? Quand tu regardes une image de Jésus en croix, combien vois-tu de croix ?

Il hésitait.

– Peut-être trois... sûrement deux. Il y a celle de devant et celle de derrière.

– Et quelle est celle qui vient de Dieu ?

– Celle de devant..., disait-il.

– Et quelle est celle qui vient des hommes ?

– Celle de derrière...

– Et quelle est la plus ancienne ?

– Celle de devant... C'est que les hommes n'ont pu inventer l'autre que parce que Dieu d'abord avait inventé la première.

---

14. Homélie de la fête de la Croix glorieuse, 14 septembre 1993, in *Sept vies pour Dieu et l'Algérie, op. cit.*, p. 105.

– Et quel est le sens de cette croix de devant, de cet homme aux mains étendues ?

– Quand j'étends les bras, disait-il, c'est pour embrasser, c'est pour aimer.

[...] L'ami soufi avait dit : "Peut-être trois ?" Cette troisième croix, n'était-ce pas moi, n'était-ce pas lui, dans cet effort qui nous portait, l'un et l'autre, à nous démarquer de la croix de "derrière", celle du mal et du péché, pour adhérer à celle de "devant", celle de l'amour vainqueur ? »

La rencontre à laquelle Christian de Chergé se sent convoqué avec tout homme ne se situe pas au plan théologique. Il laisse retentir les paroles venues d'une autre tradition et qui ont pour lui, chrétien, des accents de vérité.

La prière chrétienne ne peut ignorer l'autre louange qui s'élève près d'elle. Pour Christian de Chergé, le désir de communion doit se manifester par des signes. En aimant les Algériens, les moines sont invités à adopter un peu de leur culture et à abandonner ce qui dans leur culture occidentale d'origine n'est pas vraiment évangélique. C'est l'effort d'« inculturation ». Avec un prêtre libanais d'Alger, les moines apprennent à chanter en arabe le Notre Père et des antiennes à la Vierge. Ils adoptent pour le Notre Père une attitude de prière musulmane, mains tendues devant eux. L'impatience du prieur, ou son audace, est freinée par la communauté, qui refuse notamment d'introduire dans la prière communautaire des textes du Coran, ou de remplacer, dans les psaumes, le nom d'Israël, porteur en Algérie d'une connotation politique négative, par « peuple de Dieu ». Christian de Chergé fait du livre saint de l'islam une lecture intériorisée, chrétienne. C'est une démarche personnelle, mystique. La communauté retient Christian de Chergé d'en faire un geste communautaire, qui pourrait prêter à confusion.

Le 8 juin 1986, Christian de Chergé reçoit à Notre-Dame-de-l'Atlas la visite de l'évêque de Rabat, Mgr Hubert Michon, un ancien camarade du séminaire des Carmes. L'évêque est porteur d'une surprenante demande : depuis le départ en 1968 de l'abbaye bénédictine de Toumliline, fondation d'En Calcat, l'Église du Maroc manque d'une présence contemplative masculine. L'évêque de Rabat souhaite une communauté réduite de six hommes, vivant de son travail, accueillant les chrétiens dispersés du Maroc et attentive au milieu musulman. Il dispose de l'ancienne maison de formation des petites sœurs de Jésus, avec jardin, dans la banlieue de Fès. Il a pensé que les moines cisterciens de l'Atlas étaient les mieux placés pour répondre à cet appel. Christian est séduit, mais comment fonder une communauté nouvelle quand eux-mêmes suffisent à peine pour les tâches de Tibhirine ? « Viens au chapitre et parles-en aux frères », répond Christian à l'évêque. Les frères, malgré leur petit nombre, sont favorables. Pour la toute petite communauté de Notre-Dame-de-l'Atlas, l'invitation est à la fois déraisonnable et providentielle. Christian de Chergé croit fermement que les cisterciens doivent renouer avec un monachisme pauvre, à l'image de celui des Pères du désert, et en relation avec les autres religions. En Algérie, le nombre des moines est limité par convention avec le gouvernement à treize. Christian de Chergé a lui-même négocié ce nombre à la *wilaya* (préfecture) : « Il faut douze personnes pour la prière, plus l'imam. – Va pour treize », a répondu le fonctionnaire, vaincu par la conviction souriante du prieur. Mais il n'est pas facile d'obtenir des visas pour des moines venus de l'extérieur. Si d'autres vocations se présentaient, Fès pourrait les accueillir.

« Peut-être faut-il être faibles et fragiles comme nous le sommes pour comprendre l'appel des pauvres qui se savent dépendants des autres comme peut l'être l'Église du Maroc (et la nôtre). Je souhaite fort que ce lien s'enracine [...] », écrit Christian après sa première visite à Fès en octobre 1986.

L'une des plus grandes joies de son priorat est la fondation de cette cellule monastique à Fès au Maroc. Sa communauté, immergée en milieu totalement musulman, et donc incapable de recruter sur place, est cependant appelée à donner vie ! Sans savoir encore avec quels hommes va pouvoir se constituer cette nouvelle unité, Notre-Dame-de-l'Atlas ouvre l'annexe de Fès le 26 janvier 1988 en acceptant de se séparer de deux moines, « le père Jean-Baptiste, soixante-quinze ans d'âge et soixante de vie cistercienne, et le père Roland, la cinquantaine solide ». Provisoirement, frère Michel les a accompagnés. À Tibhirine, frère Christophe, envoyé par Tamié, prend la succession de frère Roland au jardin. En septembre, le père Pierre Faye, qui était maître des novices à Koutaba au Cameroun depuis neuf ans, rejoint Fès. Il est suivi par le frère Guy, d'Aiguebelle. En juin 1988, la frontière entre l'Algérie et le Maroc vient d'être rouverte, permettant des allers et retours salutaires entre l'Atlas et sa cellule marocaine. « C'est une folie pour notre petite communauté, écrit Christian de Chergé à un correspondant, mais... la pauvreté est partout féconde ! » Cette fondation pèse lourdement sur les épaules des moines de l'Atlas. Avec les maladies, les absences, la charge est lourde dans les deux communautés aux effectifs réduits. Le couvent de Fès constituera, à partir de 1992, un soutien heureux pour les moines de l'Atlas, qui peuvent à tour de rôle s'y reposer quand la violence enserre leur monastère algérien. C'est à Fès que s'est reconstituée la communauté de l'Atlas après 1996 en attendant un retour à Tibhirine.

L'Atlas inaugure en 1990 un autre « jumelage », avec la communauté charismatique de Berdine, dans le Sud de la France, qui accueille depuis 1975 d'anciens drogués et blessés de la vie. Des jeunes viennent passer l'été à Tibhirine, participant à la prière et au travail des moines tandis que le père Jean de la Croix, qui vit désormais à Fès, a accepté de donner deux mois tous les étés à la communauté de Berdine.

La rencontre interreligieuse d'Assise, à l'invitation de Jean-Paul II, en octobre 1986 a été célébrée avec joie à Tibhirine. Des liens se nouent avec la communauté romaine de Sant'Egidio, qui se propose de prolonger « l'esprit d'Assise ». Des jeunes de cette communauté italienne dont l'une des vocations est le dialogue interreligieux s'arrêtent l'été à Notre-Dame-de-l'Atlas. « L'appel d'Assise a tant besoin d'être entretenu », note le prieur de Tibhirine, avide de tous les lieux de réconciliation.

Le 31 mars 1990, Christian de Chergé est réélu par ses frères. Frère Luc prépare pour l'occasion un plat de couscous aux escargots de bourgogne. L'inculturation et les réjouissances commencent à la cuisine ! La communauté s'engage à nouveau autour du prieur, dont elle reconnaît la capacité à « faire entendre la voix de l'Esprit », selon le mot de frère Jean-Pierre, qui cumule les tâches de chantre et de responsable des courses. Ses frères demandent cependant à Christian de devenir plus attentif à chacun et, pour cela, de veiller davantage à son équilibre ! Doué d'une grande capacité de travail, le prieur accomplit probablement de nuit une partie de son travail et de son immense correspondance. Il dort peu. Un jour de retraite solitaire, il avoue avoir répondu à cinquante lettres.

IX

L'AMOUR PLUS FORT QUE LA PEUR

« Ma vie n'a pas plus de prix qu'une autre. »

1993-1996 : la communauté unie dans l'épreuve

Octobre 1988. Des émeutes éclatent à Alger et dans d'autres villes du pays. C'est une révolte de jeunes, violemment réprimée par l'armée qui n'a pas pris, depuis 1962, l'habitude du dialogue. Dégradation des conditions de vie, chômage, crise permanente du logement, scandale de la corruption des dirigeants : l'islam apparaît de plus en plus comme le seul recours aux yeux d'une population accablée. L'armée a tiré sur des jeunes lycéens et des chômeurs en octobre 1988. La rupture entre le régime et le peuple est consommée. Dans les mois qui suivent, le président Chadli se voit contraint d'accepter le multipartisme, qui bénéficie principalement aux islamistes. Créé le 10 mars 1989, le Front islamique du salut (FIS) décroche 853 municipalités du pays sur 1 351 aux élections municipales de juin 1990. Ce succès signe plus le mécontentement populaire que l'adhésion du peuple algérien, désemparé, à l'imposition de la loi islamique, la *charia*. En décembre 1991, le FIS a remporté le premier tour des élections et s'apprête à rafler au second tour les deux tiers des sièges, ce qui lui permettrait de réviser la constitution. Les partisans du FIS, sûrs de leur victoire, multiplient les attaques, parfois meurtrières, pour imposer leur conception d'un ordre moral puritain. Désemparé, le pouvoir militaire annule les élections et dissout le FIS. Déterminés à prendre le pouvoir par la force, les islamistes organisent des groupes armés, AIS (Armée islamique du salut), la branche armée du FIS, ou GIA, encore plus extrémiste (Groupe islamique armé), qui déclare la guerre aux intellectuels, aux professeurs, aux journalistes, aux étrangers. L'Algérie entre dans un cycle effroyable de violence et de contre-violence. À Tibhirine, comme dans la majorité des villages algériens, le candidat du FIS l'a emporté à la quasi-unanimité, mais rien ne change au quotidien. Le 1er janvier 1990, le monastère fête l'ordination sacerdotale de frère Christophe, en présence de ses parents et de ses douze frères et sœurs ! La communauté se réjouit de l'arrivée de frère Paul. Ancien plombier, il prend en main nombre de travaux manuels et l'irrigation du potager. Son sourire fait merveille à l'hôtellerie. Le 21 mars 1990, frère Bruno, arrivé de Bellefontaine en 1989, fait profession solennelle à l'Atlas. En 1992, il deviendra supérieur de la communauté de Fès.

Enclos dans leur monastère de l'Atlas, les moines vivent le drame qui se joue en sympathie avec le peuple qui les entoure. Dans ses correspondances, Christian de Chergé évoque « ceux pour qui le pain se fait plus cher, et les jeunes sans horizon ». Il souligne les richesses potentielles du pays, mais « il faut tant craindre pour la jeunesse ballottée entre la drogue ou l'intégrisme ». Le rédacteur de la lettre du monastère commente avec tristesse l'assassinat du président Boudiaf le 29 juin 1992 : « [...] Sa voix sonnait juste lorsqu'il donnait à son programme les noms de probité, de travail, de participation, d'union nationale. La conscience populaire y trouvait des repères. Les jeunes étaient sensibles à ce style direct. Les voici à nouveau en terrain vague. » Il réagit à « l'effroyable attentat de l'aéroport d'Alger » en août 1992.

Tibhirine se trouve à quelques kilomètres de Médéa, un haut lieu de l'islamisme, dans une montagne qui devient rapidement lieu d'affrontements sans merci entre terroristes des différents groupes islamistes et troupes gouvernementales. Les moines se trouvent sur la ligne de feu, « entre plaine et montagne », et observent douloureusement « ce mal de société qui dresse les hommes, des croyants, les uns contre les autres, au sein d'une même nation, et jusque dans les familles ».

Quand la violence monte tout autour, Christian de Chergé médite le journal d'une jeune mystique juive, morte à Auschwitz, Etty Hillesum. Une phrase retient sa méditation : « Si la paix s'installe un jour, elle ne pourra être authentique que si chaque individu fait d'abord la paix en soi, extirpe tout sentiment de haine pour quelque race ou quelque peuple que ce soit, ou bien domine cette haine et la change en autre chose, peut-être même à la longue en AMOUR – ou est-ce trop demander ? C'est pourtant la seule solution. »

En mars 1993, quelques membres du « Lien de la paix » se retrouvent à Tibhirine, mais seul un petit nombre a pu s'aventurer sur les routes incertaines. Comment être un lien de paix dans ces circonstances ? Pour extirper à l'avance tout sentiment de haine pour quelque groupe que ce soit, Christian de Chergé donne aux combattants des deux camps qui s'affrontent le nom de « frères ». Dans l'enceinte du monastère, il ne sera pas question de « terroristes » ou de « combattants », mais des « frères de la plaine » (ceux de l'armée) et des « frères de la montagne » (ceux des maquis islamistes).

Ce n'est pas un jugement politique. C'est une attitude spirituelle, évangélique, un parti pris de paix. « Pour être plus
concrètement "lien de paix" – *ribât-es-salâm* – offert aux
frères de la plaine et de la montagne. »

Le prieur de Tibhirine redéfinit le sens de la présence des
moines dans le nouveau contexte de crise en Algérie : « Pour
nos voisins, nous ne sommes que des roumis (étrangers), ou
des chrétiens tout simplement. C'est bien d'être réduits à
notre catégorie générique, celle de notre baptême [...]. Il nous
faut réfléchir sur le sens d'une présence dans un environnement qui est le nôtre, qui est musulman et sans doute appelé
à le demeurer [...]. Aujourd'hui, les jeunes (du voisinage)
viennent souvent avec le désir de parler. [...] Les chrétiens
en Algérie ont besoin de témoigner que le pays est un pays
riche en potentialité, et les gens ont besoin qu'on le leur dise.
Ils ont besoin de croire en eux-mêmes. [...] Face à la tentation
omniprésente d'intégrisme que véhicule l'islam officiel, nous
pouvons, dans la mesure où nous avons des relations
anciennes et confiantes avec les voisins, les inviter en permanence à rester ouverts. L'ouverture est le maître mot du
témoignage chrétien aujourd'hui dans ce pays[1]. »

Le 20 août 1993, frère Christophe écrit dans son journal :
« Assassinats à Alger. Après tant d'autres. Ce cahier ne peut
rester à l'abri de cette violence. Elle me traverse. Oui. Être
ton corps ici nous expose à cette violence qui pour le moment
ne nous vise pas. » Elle ne tardera pas à les rejoindre.

En octobre 1993, le GIA lance un ultimatum aux étrangers
pour qu'ils quittent le pays. Le 17 novembre, frère Christian
est convoqué au cabinet du *wali,* le préfet de Médéa, qui

---

1. Interview à sœur Édith Genet, sœur missionnaire de Notre-Dame d'Afrique,
lors de son reportage à Tibhirine en mai 1993.

offre de mettre le monastère sous la protection de la police. Mais le prieur refuse tout net : « Il n'y aura pas d'armes à Notre-Dame-de-l'Atlas. » Il accepte seulement de ne plus ouvrir de nuit. Le 1er décembre 1993, l'ultimatum donné aux étrangers expire. Frère Christophe note dans son journal, en forme de prière : « Tu nous pries d'être là (moines) jusqu'au bout de l'histoire. Rien ne va de soi. » Ce jour-là, frère Christian est allé chercher à Alger père Amédée, qui rentre de France. Dans une chambre de la maison Saint-Augustin, sur les hauteurs d'Alger, il rédige la première partie de son testament : « S'il m'arrivait un jour − et ça pourrait être aujourd'hui [date de la fin de l'ultimatum] − d'être victime du terrorisme qui semble vouloir englober maintenant tous les étrangers vivant en Algérie, j'aimerais que ma communauté, mon Église, ma famille, se souviennent que ma vie était DONNÉE à Dieu et à ce pays [...]. »

Le GIA met très vite sa menace à exécution. Dans les premiers jours de décembre, un Espagnol, l'épouse russe d'un Algérien, un Français pied-noir, un Britannique sont assassinés. Le 15 décembre, frère Christian apprend aux informations radio de midi que, la veille au soir, douze travailleurs croates ont été égorgés par un commando de cinquante hommes du GIA à Tamesguida, à quelque quatre kilomètres du monastère. Les moines connaissent ces chrétiens qui étaient venus assister à la messe de minuit au monastère l'année précédente. « Nous sommes, de fait, la communauté chrétienne la plus proche. Impossible d'ignorer ce qui s'y est passé, écrit Christian quelques semaines plus tard[2]. Impossible également de ne pas nous sentir plus directement exposés [...]. Le mardi 14 décembre, à la nuit

2. *La Croix*, le 24 février 1994.

tombée, douze hommes, douze frères, citoyens de l'ex-Yougoslavie, ont été égorgés à l'arme blanche [...]. Il faudrait dire encore l'humiliation de tous ceux qui, dans notre environnement, ont ressenti ce massacre comme une injure faite à l'islam tel qu'ils le professent, et cela au double titre de l'innocence sans défense et de l'hospitalité accordée. » Que la mort puisse être donnée « au nom d'Allah » porte la souffrance de Christian de Chergé à son comble. Frère Luc note : « Je lisais récemment cette pensée de Pascal : "Les hommes ne font jamais le mal aussi complètement et joyeusement que lorsqu'ils le font pour des raisons religieuses." »

Ce jour-là, la lamentation du psaume 43 chanté à l'office de none prend un accent de cruelle actualité :

« Comme animaux de boucherie tu nous livres
et parmi les nations tu nous as dispersés.
[...]
Tout cela nous advint sans t'avoir oublié,
sans avoir trahi ton alliance.
[...]
Debout, viens à notre aide,
rachète-nous en raison de ton amour ! »

En communauté, les moines s'interrogent : « Quelles sont nos raisons communautaires de RESTER ici aujourd'hui ? » L'échange a « toute la consistance d'un long vécu commun », note le rédacteur du journal du monastère. « Il nous faudrait continuer de poser les bases, fragiles et vulnérables, d'une convivialité possible, témoignant d'un christianisme ouvert à la différence, et aussi de cet islam de nos voisins qui nous respecte comme nous sommes. » Si un commando armé survenait, les moines conviennent que chacun doit tenter de s'échapper de son mieux.

Le monastère se prépare à fêter un Noël grave et dépouillé, dans le souvenir des Croates, et sous la menace des « frères de la montagne », qui viennent de commettre le crime collectif, à quelques kilomètres de là. À l'hôtellerie, pour Noël, se trouvent un prêtre du diocèse et le père Gilles Nicolas, curé de Médéa, monté avec trois étudiants africains : Prosper, Jules et Denis. À la fin du dîner, vers 19 h 45, frère Michel vient de tinter l'angélus du soir, quand « ILS sont là », écrit Christian de Chergé dans le journal du monastère. Trois hommes en armes sont entrés directement à l'hôtellerie. L'un d'eux a fait le mur et ouvert aux autres. Ils tombent sur les hôtes et frère Paul, paniqués. Frère Luc dort tranquillement dans sa chambre en attendant la célébration avancée des vigiles et de la liturgie de Noël, à 22 h 45. Père Amédée a compris et s'esquive. Comme il était convenu, frère Philippe court se cacher dans une grande cuve, y entraînant frère Christophe. Ils restent cachés là jusqu'à l'office de vigiles, persuadés d'être les seuls survivants. Pour Christophe, c'est une longue descente aux enfers, une expérience spirituelle douloureuse. « Je l'ai vécue, écrit-il plus tard, comme une fuite, puis une attente, puis une remontée de l'abîme. » Le troisième homme tente de rassembler les moines sous la menace de son arme. Frères Célestin, Jean-Pierre et Michel le suivent à l'hôtellerie. Le chef a ordonné à frère Paul de ramener « le pape du lieu ». Frère Christian, qui était dans sa chambre, arrive d'un pas calme en se répétant la phrase que les membres du « Lien de la paix » méditent depuis leur dernière rencontre : « Dieu, viens à mon aide, Seigneur, à notre secours. » Comme chacun des frères, il pense que le moment de la mort est peut-être arrivé.

La rencontre qui a lieu alors entre le prieur et le chef du groupe armé, Sayah Attiyah, qui se présente comme l'émir

local du GIA, est d'une rare intensité. À ce moment extrême,
dans un instant qui résume vingt-deux ans de présence en
Algérie, se confirme pour Christian de Chergé le choix d'être
vraiment « frère universel », quoi qu'il en coûte. Il est
environ huit heures du soir, le 24 décembre 1993. En se
présentant devant le chef du commando, responsable de la
mort des Croates, Christian dit avec autorité : « C'est ici une
maison de paix ; jamais personne n'est entré ici avec des
armes. Si vous voulez discuter avec nous, entrez, mais laissez
vos armes dehors. Si ce n'est pas possible, discutons
dehors[3]. » L'émir tire Christian à l'écart, entre le bâtiment
de l'hôtellerie et la petite porte de la cour qui donne sur la
rue. Le père Gilles Nicolas, debout dans l'embrasure de la
porte de l'hôtellerie, parle en arabe avec les deux autres, tout
en surveillant la scène. Il est professeur de maths. L'un des
deux « montagnards » est un de ses anciens élèves : « Nous
ne voulons plus de ce gouvernement pourri et sans religion »,
disent-ils en substance. « Il faut instaurer un gouvernement
islamique [...]. Vous êtes des religieux, on ne vous fera pas
de mal. » Ils font la distinction entre les « étrangers » et les
« chrétiens ».

Le face-à-face entre Christian de Chergé et Sayah Attiyah
dure un quart d'heure, sans éclat de voix. Christian en a fait
plusieurs fois le récit. Le plus complet a été donné le 8 mars
1996, deux ans plus tard, lors d'une retraite prêchée aux laïcs
d'Alger. Le prieur n'a cessé de méditer l'événement, de le
revisiter à la lumière de l'Évangile. « Il était armé, poignard
et pistolet-mitrailleur. Ils étaient six en tout, et c'était dans
la nuit. [...] Nous nous sommes donc retrouvés dehors [...] à

---

3. Récit de père Jean-Pierre, in *Jusqu'où suivre ?* de dom Bernardo Olivera, abbé
général des cisterciens, Éd. du Cerf, 1997, p. 66.

mes yeux, il était désarmé. Nous avons été visage en face de visage[4]. » Sayah Attiyah demande de l'argent, des médicaments, et le médecin pour soigner les blessés de la montagne. Il dit au prieur : « Vous n'avez pas le choix. » Christian de Chergé répond : « Si, j'ai le choix. »

Les hommes de la montagne n'ont pas l'habitude qu'on leur résiste. Calmement, Christian de Chergé refuse les trois demandes : « Nous ne sommes pas riches. Nous travaillons pour gagner notre pain quotidien. Nous aidons les pauvres. Quant à envoyer frère Luc dans la montagne, ce n'est pas possible vu son grand âge et surtout son asthme. Il pourra soigner les malades ou les blessés qui viendront au dispensaire ; là, pas de problème, il soigne indifféremment ceux qui en ont besoin et ne s'inquiète pas de leur identité. Quant aux médicaments, il donne le nécessaire à chaque malade[5]. » Gilles Nicolas entend alors le prieur qui s'est rapproché de la porte ajouter : « Nous sommes en train de nous préparer à célébrer Noël et Noël, pour nous, c'est la naissance du Prince de la Paix et vous venez comme ça, en armes. » Le chef semble touché, car il répond : « Excusez-moi, je ne savais pas. » Il promet de revenir, et demande un mot de passe pour lui ou son envoyé. Il propose : « Ce sera "M. Christian". » Les trois hommes s'en vont en serrant la main des moines. « Certains parmi nous gardèrent une certaine gêne en pensant que les mains avaient peut-être été celles qui avaient égorgé les Croates, nos frères », se souvient frère Jean-Pierre[6]. Christian de Chergé s'entretient ensuite longuement dans son bureau avec Gilles Nicolas sur

---

4. « Récollection de carême », 8 mars 1996, in *L'invincible espérance, op. cit.*, p. 309.
5. Cité par dom Olivera, *Jusqu'où suivre ? op. cit.*, p. 68.
6. *Ibid.*, p. 67.

la conduite à suivre. Il décide de ne pas prévenir la gendarmerie, craignant des représailles pour les voisins. Les frères se remettent à préparer la liturgie de Noël. Amédée a couru raconter l'événement à frère Luc, qui n'avait rien entendu. Le médecin hausse les épaules, apparemment peu impressionné. C'est pourtant lui que les hommes venaient chercher ! À 22 h 30, Christian sonne la cloche. En l'entendant, frère Philippe et frère Christophe qui se croyaient seuls au monastère sortent de leur cachette et rejoignent les frères à la chapelle. Tous ont été passablement secoués.

« Après le départ des "montagnards", il nous restait à vivre, note Christian simplement. Et la première chose à vivre, c'était, deux heures après, de célébrer la vigile et la messe de minuit. C'était ce que nous avions à faire et c'est ce que nous avons fait. Nous nous sommes laissé attirer par cette prière d'Église, par cette réalité. Nous avons chanté Noël, et nous avons accueilli cet enfant qui se présentait à nous absolument sans défense et déjà menacé. En fait, le massacre des Innocents, le massacre des Croates, avait précédé Noël. Et puis après, notre salut, ça a été d'avoir toutes ces réalités quotidiennes à continuer à assumer : la cuisine, le jardin, l'office, la cloche... jour après jour... [...] Il a fallu nous laisser désarmer et renoncer à cette attitude de violence qui aurait été de réagir à une provocation par un durcissement [7]. »

Les moines s'attendent à voir revenir le groupe. Le 26 décembre, Christian de Chergé réunit la communauté et laisse parler chacun des frères. Ils sont d'accord sur trois points : aucun argent ne doit être versé ; ils souhaitent rester

---

7. « Récollection de carême », 8 mars 1996, in *L'invincble espérance, op. cit.,* p. 296.

ensemble et ne pas mettre en danger les voisins qui travaillent avec eux. Ils envisagent un départ rapide pour ne pas avoir à se compromettre avec les hommes armés de la montagne. Mais l'idée de partir, à la première intimidation, en abandonnant les voisins à leur sort, ne satisfait personne.

Le 27 décembre, la communauté reçoit la visite de l'archevêque d'Alger, Mgr Henri Teissier, qui s'inquiète de l'effet qu'aurait le départ de la seule communauté contemplative masculine d'Algérie pour tous les autres chrétiens dans l'épreuve, et pour les voisins du monastère. « Vous avez encore une petite porte par où partir. Nous, non. Pas de chemin. Pas de porte », a dit l'un des voisins.

Christian de Chergé reçoit alors chacun des frères, individuellement. « Et il y a eu cette chose étonnante dont j'ai été le témoin privilégié. Chaque frère, en tête à tête, m'a dit : "Je ne suis pas en paix avec la décision de partir[8]." »

Les moines décident alors de rester sur place à six. Frère Paul et frère Célestin, très secoués, se rendront en France pour des examens médicaux, frère Philippe s'éloignera quelque temps du monastère pour poursuivre plus sereinement ses études théologiques.

Le *wali* de Médéa dégage toute responsabilité s'il arrivait quelque chose aux religieux qui s'obstinent à refuser une protection militaire. La neutralité des moines embarrasse les autorités, mais leur position est respectée. Ils ne sont pas priés de partir. Christian de Chergé a écrit plusieurs courriers au *wali*, avec qui il entretient de bonnes relations. Sa position est ferme et il en rend compte avec autorité : « [...] S'il nous arrivait quoi que ce soit de fâcheux, il serait injuste d'en rendre responsable un pays qui nous accueille depuis tant

---

8. Récit de Christian de Chergé aux religieuses de Brialmont, 8 septembre 1994.

d'années avec grande bienveillance. » À propos de mesures de protection militaires autour du monastère : « Comment accepter d'en passer par là sans courir un risque plus grand que tous les autres, celui de perdre le sens de ce que nous essayons d'être ? [...] Notre meilleure sécurité nous paraît bien, pour le moment, d'en rester où nous sommes, à la fois discrets et désarmés, comme nos voisins. Nous avons la conviction qu'en Algérie, comme partout dans le monde aujourd'hui, il est important d'apprendre à vivre ensemble, et à s'accepter différents pour s'enrichir mutuellement. Dans le langage de la foi, cela veut dire servir le dessein de Dieu, qui est de rassembler tous les hommes en invitant les croyants à payer d'exemple par l'émulation mutuelle vers le bien. Si ce dessein n'est pleinement dévoilé qu'après la mort, n'est-il pas légitime qu'on lui consacre sa vie ? Et celle-ci inclut la mort... » Le prieur ajoute qu'il se plierait à une décision des autorités de les faire partir, « mais ce serait la mort dans l'âme [9] ».

Le 30 décembre, le cardinal Duval d'Alger apporte par téléphone son soutien aux moines : « Toute l'Église d'Algérie est avec vous ! dit-il à frère Christian avec emphase. – Quels conseils nous donnez-vous ? – De la constance. – Et avec nos visiteurs ? – Il faut être fermes avec ces gens-là. » Ce simple coup de fil fait au prieur l'effet « d'un vrai tonique ».

La visite de Noël 1993 inaugure un nouveau départ pour la communauté. Dans le choix libre de rester, chacun connaît les risques encourus. La communauté y trouve une « grâce de cohésion mutuelle ». Mais ce n'est pas sans souffrance : « Ce n'est plus comme avant, avoue frère Michel. Depuis qu'ils sont venus, je suis sans force. » Et Christophe écrit :

---

9. Lettre au *wali* de Médéa, 21 mai 1994.

« Je suis comme chacun ici et comme nos voisins : fatigué, appesanti. »

Le prieur connaît la peur. Un jour, sur la route de Médéa, il est passé près d'un car calciné encore fumant. L'événement l'a impressionné. La peur est le lot de chacun en Algérie. « Tout notre environnement participe à ce climat concret de mutisme et de peur qui empoisonne le pays et le paralyse. Et en nous-mêmes, que de complicités nouvelles avec ces réactions, au fil des événements, des informations et des rencontres. Nous n'en sommes pas très fiers. Personne d'entre nous, je crois, n'y a échappé [...] hormis peut-être notre frère Luc [10] [...]. » Christian de Chergé a vécu le face-à-face avec Sayah Attiyah comme une rencontre spirituelle. Il a regardé l'émir au-delà de l'idéologie qu'il représentait.

Trois ans plus tard, en 1996, il explique qu'il s'est fait le temps d'un face-à-face « gardien de ce frère ». « Non seulement [...] j'étais le gardien de mes frères, mais aussi [...] j'étais le gardien de ce frère qui était là en face de moi et qui devait pouvoir découvrir en lui autre chose que ce qu'il était devenu. »

Lorsqu'il apprend la mort d'Attiyah par la presse, Christian devient son « intercesseur » auprès de Dieu. « Depuis qu'il est mort, j'essaie d'imaginer son arrivée au paradis, et il me semble qu'aux yeux du bon Dieu j'ai le droit de présenter pour lui trois circonstances atténuantes :

— la première, de fait : il ne nous a pas égorgés ;

— la deuxième : il est sorti quand je le lui ai demandé. Et puis quand il est mort à quelques kilomètres de chez nous, il a agonisé comme blessé pendant neuf jours. Comme il avait

---

10. *Vigile pascale*, 2-3 avril 1994, in *L'invincible espérance*, p. 239.

accepté de ne pas faire appel à notre médecin, [...] il n'est donc pas venu le chercher ;

– la troisième circonstance atténuante : après notre entretien dans la nuit, je lui ai dit : "Nous sommes en train de nous préparer à célébrer Noël, pour nous c'est la naissance du Prince de la paix..." Il a répondu : "Excusez-moi, je ne savais pas [11]." »

De loin, Mme de Chergé épouse la prière de son fils : dans son livre de messe, elle a réuni à la même page une photo de tous les frères de la communauté et celle de Sayah Attiyah, découpée dans un journal. « Il n'y a qu'une femme pour faire cela », commente Christian de Chergé.

Le 28 décembre, le prieur écrit une lettre à l'émir du GIA, pour le cas où celui-ci reviendrait. La lettre n'a jamais atteint son destinataire : « Frère, écrit le prieur, permettez-moi de m'adresser à vous ainsi, d'homme à homme, de croyant à croyant [...]. Dans le conflit actuel que vit le pays, il nous semble impossible de prendre parti. Notre qualité d'étrangers nous l'interdit. Notre état de moines *(ruhbân)* nous lie au choix de Dieu sur nous qui est de prière et de vie simple, de travail manuel, d'accueil et de partage avec tous, surtout les plus pauvres [...]. Ces raisons de vivre sont un choix libre de chacun de nous. Elles nous engagent jusqu'à la mort. Je ne pense pas que ce soit la volonté de Dieu que cette mort nous vienne par vous. [...] Si, un jour, les Algériens estiment que nous sommes de trop, nous respecterons leur désir de nous voir partir. Avec un très grand regret. Je sais que nous continuerons de les aimer tous, ensemble, et vous en êtes... »

La décision de rester « aux côtés » de ceux qui souffrent, et même au milieu de ceux qui sèment la mort laisse à Chris-

---

11. Retraite aux laïcs, 8 mars 1996, *ibid.*, p. 309.

tian de Chergé un sentiment de paix. Le 1er janvier 1994, dans la solitude du monastère où chaque nuit l'on craint de voir apparaître des hommes armés, le prieur écrit la deuxième partie de son testament. « Je ne saurais souhaiter une telle mort [...]. Je ne vois pas, en effet, comment je pourrais me réjouir que ce peuple que j'aime soit indistinctement accusé de mon meurtre. »

Le ton est grave, mais l'amour est plus fort que la peur :

« Et toi aussi, l'ami de la dernière minute, qui n'auras pas su ce que tu faisais. Oui, pour toi aussi je le veux, ce MERCI et cet "À-Dieu" en-visagé de toi. Et qu'il nous soit donné de nous retrouver, larrons heureux, en paradis, s'il plaît à Dieu, notre Père à tous deux. Amen ! *Incha Allah* ! »

L'une des constantes de la spiritualité de Christian de Chergé est sa foi en une communion des saints, où tous les hommes, créés à l'image de Dieu, se retrouvent fils d'un même père. « Mon mystère est celui de la communion », dit-il à ses amis. Dans un « jeu de mots » dont il a le secret, il associe dans son espérance celui par qui il ira à la rencontre de Dieu. « En-visagé de toi. » Sa réflexion est nourrie par la pensée du philosophe Lévinas sur l'interdiction du meurtre et sur le visage, qui est l'identité même d'un être, et le signe de l'altérité. Pour le moine, le visage de l'autre, quel qu'il soit, porte un reflet de Dieu. Jusque sur le visage de celui qui lui donnera la mort, il veut chercher ce reflet caché.

Christian de Chergé dira qu'il lui a fallu trois semaines pour « revenir de [sa] propre mort ». Puisqu'il est moine, et que sa profession est de prier, il est habité par une question : quelle prière peut-il faire pour l'émir ? « Je me suis dit : ai-je le droit de demander : "Désarme-le", si je ne commence pas par demander : "Désarme-moi et désarme-nous en communauté [12]" ? » Cette prière quotidienne du prieur devient progressivement celle de la communauté.

Le 26 janvier 1994, le général Liamine Zeroual prend la tête du haut comité d'État. Il sera officiellement élu président de la République en novembre 1995.

La vie continue au monastère, mais l'hôtellerie est le plus souvent déserte. Le 31 janvier 1994, dans l'intimité, les frères fêtent les quatre-vingts ans de leur doyen, le frère Luc. Un personnage ! Il a tout prévu : « En cas de mort violente, rien à faire. En cas de mort lente : après s'être rassemblés autour du lit, lire le récit de l'enfant prodigue, réciter la prière de Jésus, enfin, ouvrir une bouteille de champagne. » Christian s'appuie beaucoup sur le bon sens serein de frère Luc qui connaît le pays mieux que personne. « Que peut-il nous arriver ? grogne le vieil homme. D'aller voir Dieu et d'être baignés dans sa tendresse. »

Christian de Chergé est reconnaissant à ses frères d'avoir choisi d'être fidèles ensemble à leur vocation de priants en Algérie. « Nous voici à quarante jours de Noël [...] de notre grâce de Noël, écrit Christian à une correspondante le 2 février [13]. Tout ce temps aura été vécu un peu autrement, tu t'en doutes. Avec la joie de découvrir de mieux en mieux ce que veut dire la présence de l'Emmanuel, et la confiance qu'elle requiert de nous : si Dieu est "avec [14]", comment ne pas rester "avec", nous aussi ? [...] Nous avons eu très fort le sentiment d'un appel adressé par l'Église, comme par l'environnement, et qui a contribué à nous rendre constance et lucidité plus loin que la tentation de fuir, légitime elle aussi. »

---

12. Récollection de carême, 8 mars 1996, in *L'invincible espérance, op. cit.* p. 314.
13. Lettre à M. D., 2 février 1994.
14. « Dieu avec », c'est le sens du mot « Emmanuel ».

Frère Christophe écrit à l'abbé général : « Les événements, qui nous ont immensément rapprochés, n'ont rien gommé des différences [...]. Il y a aussi un "nous" qui chemine, progresse en grâce et en sagesse [15]. »

Le 26 janvier, frère Paul est rentré de France, en très bonne forme. Il lui a suffi de quelques jours de recul, en famille et à la trappe de Tamié, dans son pays natal de Savoie, pour refaire surface. La communauté est entrée dans l'espérance, qu'elle partage avec ses voisins : « Vous comme nous, nous ne pouvons nous en sortir que par l'espoir, a dit l'un d'eux à Christian. Si vous partez, votre espoir va nous manquer, et nous perdrons le nôtre [16]. »

Depuis la mort des Croates et la visite de Noël, les moines expérimentent une grande sollicitude de la part des voisins : « Tu sais, chaque matin quand je passe pour le travail, je regarde la maison pour voir s'il y a de la lumière et je dis *Hamdul illah* », dit un jeune voisin.

« Nous sommes comme l'oiseau sur la branche », a dit un jour Christian à un autre. « Mais non, la branche, c'est vous. Si vous partez, nous ne saurons plus où poser les pattes. »

À partir de Noël 1993, les moines sont confrontés ensemble et avec leurs voisins à l'insécurité quotidienne. C'est pour Christian de Chergé l'occasion d'une nouvelle conversion. Chacun doit devenir chaque jour disciple du Christ. Responsable de la communauté, il ne peut plus seulement donner. Il a aussi à recevoir. Attentif à ses frères et aux villageois qui vivent près d'eux, il est lui-même soutenu par le courage de sa communauté et des voisins.

Il est en train de vivre ce qu'il écrivait à propos de Charles

---

15. Dom Bernardo Olivera, *op. cit.* p. 57.
16. Homélie, Pâques 1994, in *L'invincible espérance*, p. 242.

de Foucauld à une amie [17] en 1987 : « L'essentiel de la mission de communion est de s'accepter dépendants de ceux à qui l'Esprit nous a envoyés, totalement livrés d'amour, et dans le besoin de ce qu'ils sont, de ce qu'ils ont à nous donner de la part de Dieu. Ce fut la "seconde conversion" de frère Charles [de Foucauld] à Tamanrasset à l'occasion de sa maladie : accepter de recevoir. »

Le 22 janvier 1994, Christian de Chergé saisit encore son stylo. Il écrit un texte ardent pour dénoncer le meurtre des Croates par des inconnus en cagoule « et prompts à s'identifier au bras de Dieu ». « Si nous nous taisons, les pierres de l'oued hurleront », affirme-t-il. Le journal *La Croix* [18] publie ce texte vibrant le 24 février. Dans la communauté, l'initiative du prieur n'est pas appréciée de tous. Il vaudrait mieux ne pas faire parler de Tibhirine dans ces circonstances. Mais Christian de Chergé n'est pas homme à se taire. Le meurtre doit être dénoncé. Et il craint que les lecteurs français ne confondent islam et islamisme armé. Après avoir souligné l'horreur du massacre commis au nom de Dieu, il raconte comment un musulman a sauvé sa vie et celle de trois chrétiens en affirmant qu'ils étaient tous musulmans et bosniaques. Pour le prouver, les attaquants lui ont demandé de réciter la *chahada,* la profession de foi. Il l'a fait, et les quatre hommes ont été libérés. « C'est donc à leur compagnon musulman qu'ils doivent d'avoir pu retourner vivants dans leur pays », conclut frère Christian, pour qui cet épisode constitue une lueur dans la nuit de la barbarie. En réalité, un témoin a pu rencontrer un collègue de travail des Croates. Par

---

17. Lettre à M. T., juillet 1987.
18. *Sept vies pour Dieu et l'Algérie, op. cit.*, p. 126.

lui, il a su que les quatre travailleurs survivants étaient tous chrétiens, mais que l'un d'eux connaissait la *chahada*.

Ce récit éclaire la façon de voir de frère Christian. Son regard se pose de préférence sur la face lumineuse des choses. Dom Bernardo, abbé général des trappistes, se souvient d'un voyage avec Christian de Chergé. Ils s'étaient arrêtés pour pique-niquer sur la côte dans la région d'Oran. En descendant dans les buissons pour s'approcher de la mer étincelante sous le soleil, Christian s'était exclamé, heureux : « Prions l'office de sexte. Personne n'est jamais venu ici. » Dom Bernardo n'avait pas voulu atténuer la joie de son compagnon en lui montrant une bouteille de Coca-Cola à leurs pieds. Christian de Chergé a souvent le regard porté ailleurs, c'est un spirituel. Ses amis le ramènent sans cesse aux réalités. Le 1er janvier 1994, il répond dans son testament au soupçon de naïveté : « Ma mort, évidemment, donnera raison à ceux qui m'ont rapidement traité de naïf, ou d'idéaliste : "Qu'il dise maintenant ce qu'il en pense !" »

Le 17 février, frère Célestin a subi six pontages cardiaques à l'hôpital de Nantes, conséquence de l'émotion de Noël. Christian de Chergé fait un voyage éclair en mars pour lui rendre visite. À Timadeuc, il rencontre dom Bernardo, qui lui dit : « L'ordre n'a pas besoin de martyrs, mais de moines. » Après un silence, le prieur de Tibhirine répond : « Ce n'est pas incompatible. »

Au retour, Christian écrit : « Ici, évidemment, on souffre au pays. Grande solitude à l'hôtellerie, mais le voisinage y gagne le sentiment qu'on est là pour eux. Le "toubib" est toujours très sollicité. Tout est précaire. Urgence du témoignage de l'espérance [...]. L'avenir, c'est Dieu. »

Pâques arrive, dans un monastère déserté, pour une petite

communauté qui a gagné en communion : le prieur, le sous-
prieur Christophe qui est aussi au jardin, Luc le toubib,
Amédée le portier, Jean-Pierre qui brave le danger pour les
courses à l'extérieur, Michel lecteur et cuisinier, Paul le répa-
rateur... Christophe se demande si la communauté n'a pas
reçu un souffle de prophétisme. Il sent Christian « façonné »
par la Parole et cela le rassure pour la communauté. De loin,
Mme de Chergé apporte aux frères son soutien : « Les fleurs
des champs ne changent pas de place pour chercher les
rayons du soleil. Dieu prend soin de les féconder où elles
sont », écrit-elle en février. Il y a toujours eu entre Christian
de Chergé et sa mère un accord spirituel profond.

   Ils sont tout juste dix pour les célébrations de Pâques, alors
que l'an dernier encore, des dizaines de chrétiens, de tous
pays, célébraient au monastère la résurrection du Christ. Ce
sont les très proches : deux ermites chrétiens, le curé de
Médéa, et Odette « pour sauver l'honneur des femmes sans
lesquelles il n'y a pas d'annonce pascale valide », s'exclame
Christian. Odette, membre du Ribât, petite sœur du Sacré-
Cœur, sera assassinée dans son quartier d'Alger le
10 novembre 1995. Les célébrations pascales sont « toutes
de simplicité et de beauté », dit Christian. Le prieur a préparé
pour son petit auditoire trois homélies – pour le Jeudi saint,
le Vendredi saint et la vigile pascale – où l'Évangile et la
réalité concrète du moment se répondent. L'ensemble est une
méditation sur le sens du martyre du Christ, et du martyre
chrétien. On retrouve les mêmes accents dans le Testament
du prieur de Tibhirine. Le martyre chrétien est un témoignage d'amour, d'innocence et d'espérance [19].

---

19. Ces trois sermons, sur le martyre de la charité, de l'innocence et de l'espérance, sont publiés dans *L'invincible espérance*, p. 225 à 255.

Christian refuse par avance le titre de martyre au nom de la foi, qui recèle une forme d'intégrisme, de conscience d'être « purs », face à d'autres qui ne le seraient pas. « Jésus "purifie", en effet... mais par l'amour. À qui n'est pas "pur", il dit encore : "*Ami* !" » Le seul martyre possible est celui de l'amour : « Le témoignage de Jésus jusqu'à la mort, son "martyre", est martyre d'amour, de l'amour pour l'homme, pour tous les hommes [...]. C'est que le martyre d'amour inclut le *pardon*... »

Les chrétiens n'ont pas l'exclusivité de ce martyre de la charité, dit encore Christian : « Derrière toutes les victimes que le drame algérien a déjà accumulées, qui peut savoir combien de "martyrs" authentiques d'un amour simple et gratuit ? [...] Je ne peux oublier Mohamed qui, un jour, a protégé ma vie en exposant la sienne [...]. »

Le témoignage des chrétiens en Algérie aujourd'hui est encore celui de l'espérance. Le martyre de l'espérance « définit depuis toujours l'état monastique : le pas à pas, le goutte à goutte, le mot à mot, le coude à coude... ».

Henri Vergès, père mariste, un des membres du « Lien de la paix », proche de Christian de Chergé, est assassiné le 8 mai 1994 avec Paule-Hélène Saint-Raymond, petite sœur de l'Assomption, dans la bibliothèque de la *casbah* d'Alger où tous deux aident dans leur travail des centaines de jeunes du quartier.

« On ne lui a pas ravi sa vie, il l'avait déjà donnée », assure un des habitués de la bibliothèque. Et Christian associe leur mort à celle de tous les Algériens menacés dans leur profession, et tous ceux qui ont « l'humble courage des petits gestes d'aujourd'hui qui assurent la victoire de la vie sur toutes les forces de destruction ». En juillet, il réagit avec

vigueur contre les articles d'une journaliste [20] qui présente les
chrétiens en Algérie comme des martyrs de la foi, empêchés
d'accomplir leur mission, qui serait l'évangélisation des
musulmans. Pourtant, depuis l'indépendance, les textes des
évêques d'Algérie sont clairs. Les chrétiens sont appelés à
vivre avec les Algériens un partage d'humanité. En 1994,
cette humanité est blessée. Christian de Chergé répond, par
une belle méditation sur le martyre [21]. Le seul martyre accep-
table est celui de l'amour. Aucun des moines, aucun des religieux en Algérie ne souhaite mourir. Mais ils se tiennent aux
côtés de leurs amis, sans rien renier de leur foi, et sans rien
imposer, parce qu'ils croient à une « humanité plurielle ».
Par leur présence, ils résistent aux forces qui luttent en
Algérie pour éliminer les différences.

Comme les intellectuels algériens, les professeurs, les
journalistes, les religieux chrétiens paient un lourd tribut : le
23 octobre, sœur Caridad Maria Alvarez et Esther Alonso,
augustines missionnaires, sont assassinées à la porte de leur
chapelle de Bab el-Oued. Puis, au lendemain du détourne-
ment d'un Airbus d'Air France, quatre pères blancs sont tués
chez eux à Tizi-Ouzou le 27 décembre. « Impression de
n'être nous-mêmes qu'un vivier offrant une réserve de
victimes faciles pour d'autres représailles », avoue frère
Christian. À nouveau, les autorités offrent une garde armée
aux moines, qui la refusent : « Depuis, nos voisins savent
répéter l'antienne : "C'est *harram* (interdit par Dieu) d'entrer
avec des armes chez les pères." » Au milieu d'une zone
de combats, les moines sont témoins de la souffrance du
peuple. Dans les montagnes de Médéa, terrorisme et contre-

---

20. *Valeurs actuelles,* 31 janvier 1994, et *Temps de l'Église,* juin 1994.
21. « Obscurs témoins d'une espérance », *Sept vies pour Dieu,* p. 133.

terrorisme rivalisent de brutalité. « Les outrances de l'intégrisme armé laissent totalement désemparés tous ceux qui
croient, de bonne foi, que l'islam est le principal dénomina-
teur commun de tous les Algériens. "Ça n'est pas ça,
l'islam", entend-on répéter chaque fois que sont évoqués les
égorgements des uns ou les tortures des autres [...]. Les gens
simples s'avouent "perdus". Humiliés, ballottés, menacés
par les uns et par les autres, ils n'y comprennent rien et se
sentent presque de trop dans un conflit où, jusqu'à présent,
on ne leur demande guère leur avis, sauf à leur imposer d'en
faire les frais. Leur instinct de l'hospitalité suffirait à leur
redire qu'aucun pays ne saurait se définir dans le refus de
l'autre [22]... »

En novembre 1994 et janvier 1995, la communauté chrétienne italienne Sant'Egidio prend l'initiative de réunir à
Rome des représentants de l'opposition algérienne dans l'espoir de rétablir un dialogue avec le pouvoir en vue de la
paix. Le FIS, interdit en Algérie, y participe, mais la plupart
des partis laïcs et le gouvernement algérien déclinent l'invitation. La plate-forme signée à l'issue de la rencontre apparaît malencontreusement comme une tribune offerte aux islamistes. Le pouvoir algérien condamne vigoureusement cette
ingérence. En Algérie, les évêques se dissocient publique-
ment d'une initiative qu'ils n'ont pas soutenue. Mgr Teissier
déplore que cette initiative ait contribué, en fait, à remettre
le FIS au centre du jeu politique et à lui donner la légitimité.
Pour Pierre Claverie, évêque d'Oran, la plate-forme de Rome
est un échec ; mal préparée, elle n'a pas abouti « à une
condamnation unanime et sans équivoque de la violence

---

22. Lettre circulaire du 13 novembre 1994.

contre les civils[23] ». Marco Impagliazzo, l'auteur de cette tentative de dialogue, a été reçu plusieurs fois à Tibhirine. Lors de ces séjours, il a noué des contacts avec des milieux musulmans de Médéa, dont il s'est servi pour préparer la rencontre de Rome. Christian de Chergé n'est pas impliqué dans une démarche qui est politique, mais il serait plutôt favorable à un dialogue. En avril 1995, il prend acte de l'échec de la tentative : « Il aura manqué à l'initiative de Sant'Egidio de savoir donner une voix à cette immense foule des "petits", traités par le mépris, et dont nous savons le bon sens et la générosité[24]. »

Il reste à « durer », comme tous les Algériens, au fil des jours. Le groupe des supérieurs d'Algérie, dont Christian de Chergé est membre, délivre aux religieux un message de confiance le 17 mars 1995 : « En dépit de nos fragilités, nous avons la conviction qu'il nous faut durer. Pour cela, nous mesurons mieux encore le prix de ces relations qui continuent de s'offrir à nous, jour après jour... des relations simples avec des gens simples, par-delà les clivages politiques [...]. Nous laisser provoquer par l'épreuve à un surcroît d'humanité. »

1995 a été une autre année d'épreuves pour le peuple algérien. « Le plus dur, écrit Christian de Chergé, c'est la mort qui frappe l'autre. » « 1995 : voitures piégées, explosions sauvages, meurtres, représailles... le deuil s'installe, accompagné de peurs, de rejets. La méfiance, la haine voilée, rongent le tissu humain des relations. Malgré tout, la vie continue, avec les prix qui flambent, les salaires en souffrance, les transports publics détruits, sans compter les

---

23. *Témoignage chrétien*, 25 mai 1995.
24. Lettre circulaire du 11 avril 1995.

frontières fermées ; et, très concrètement, avec les risques du long chemin vers la ville quand il faut, chaque jour, aller à pied au travail, ou à l'école, et en revenir, dans la nuit et le froid. Courage du petit peuple ! »

Le 3 septembre 1995, sœurs Bibiane et Angela-Marie sont tuées à Belcourt, et Odette Prévost le 10 novembre 1995. « Mystère que cet acharnement contre les présences dans les quartiers les plus populaires et les plus démunis, écrit Christian à une correspondante. Et c'est le signe communautaire qui est visé, en même temps que la différence qu'il exprime. » Les moines veulent croire avec beaucoup d'Algériens que les élections présidentielles de novembre 1995 marquent un pas vers une démocratisation. « Cette large participation au vote fut d'abord une parole libre et courageuse de tout un peuple : refus pacifique de la violence, d'où qu'elle vienne ; désir majoritaire d'avancer vers une vraie démocratie avec des voies neuves ; témoignage sous nos yeux d'une identité algérienne qui se cherche et mûrit, notamment dans sa relation à l'islam [...]. Notre présence laborieuse et notre prière silencieuse se veulent accompagnement dans l'épreuve qui dure, comme l'espérance [...]. »

À Tibhirine, la vie ordinaire continue, avec la beauté de l'Atlas en toile de fond quotidienne : « Le soleil ne cesse de se lever, sur les bons comme sur les méchants », note le prieur. Ils sont à nouveau huit frères à l'Atlas. Célestin est de retour malgré les mises en garde de son cardiologue.

L'envergure humaine et intellectuelle de frère Christophe le dispose à prendre des responsabilités plus grandes. Christian de Chergé souhaite que Christophe devienne prieur à sa place aux élections du 31 mars 1996. En réalité, à cause de la situation exceptionnelle, Christian de Chergé aurait été réélu, le 31 mars 1996 par ses frères.

Février 1996. La région de Thibirine est un peu plus calme. Mais des attentats ont encore lieu à Alger et Tlemcen. Du 25 février au 1er mars, les moines font une retraite avec Bernard Rérolle, venu de France. À l'issue de ce temps fort, le père Jean-Pierre se dit : « C'est si fort, c'est si beau, cette communion entre nous, cela ne peut pas durer. »

Le journal de la communauté, le plus souvent tenu par Christian, parfois par Christophe, s'arrête au 11 mars 1996 ! Ce jour-là, frère Luc a reçu des médicaments expédiés de France. Christophe et un associé ont émondé et coupé des arbres. Ils ont livré du bois au voisinage...

X

SEPT VIES DONNÉES

« Je ne saurais souhaiter une telle mort. Je ne vois pas, en
effet, comment je pourrais me réjouir que ce peuple que
j'aime soit indistinctement accusé de mon meurtre. »

Lundi 25 mars 1996. Les quinze membres du *Ribât* ont la
joie de se retrouver à Tibhirine, le lieu de leurs rencontres
depuis dix-sept ans. L'insécurité les avait empêchés de se
réunir en novembre. Cela fait donc un an qu'ils n'ont pas
partagé ce « lien de paix », plus vital que jamais. L'étau des
groupes armés s'est desserré dans la région depuis quelques
mois. Venus de différentes villes d'Algérie, ils ont tous pris
le risque du voyage. Depuis longtemps, l'hôtellerie de Notre-
Dame-de-l'Atlas n'avait connu une telle affluence. Levés tôt,
frère Luc et frère Michel ont préparé le repas pour vingt
personnes !

« Ô Dieu, tu es mon espérance sur le visage de tous les
vivants ». C'est Christian de Chergé qui a fait ajouter
la seconde partie de la phrase : "sur le visage de tous les
vivants" à la phrase du psaume. Toute la journée du 26 mars,
entre offices et repas, les membres du « Lien de la paix »
échangent sur ce thème qu'ils méditent depuis un an, chacun
dans son lieu de vie. Ils ont à l'esprit le visage souriant et

volontaire d'Odette, tuée en novembre dernier devant chez elle dans le quartier populaire de Kouba.

La mort de trois d'entre eux rend encore plus précieux les liens d'amitié que chacun vit en Algérie. Ils partagent la souffrance et la précarité de vie de leurs voisins. Ils sont soutenus par les gestes de courage des hommes et des femmes de leur entourage. Une petite sœur cite le thème de la rédaction proposée par un collègue algérien à ses élèves : « L'amour, c'est mieux que la guerre, alors, aimons-nous les uns les autres » ! Une autre a reçu la visite d'une amie algérienne du quartier, venue lui dire sa tristesse après l'assassinat des petites sœurs : « On cherche à briser l'amour qu'il y a entre nous. » Frère Christian dit que l'espérance est son expérience quotidienne. Pendant le ramadan, il a repris une lecture suivie du Coran. Il y a cueilli, dit-il, des fleurs dans des pages de désert ! Il a médité le thème de l'espérance en pensant aussi aux visages de ceux qui tuent. « Un visage désarmé peut désarmer l'autre. Si on s'offre désarmé et si l'on croit que l'autre est capable de se laisser désarmer, cela se fera et "la violence deviendra alors improbable" », dit-il en citant le philosophe Lévinas.

Mais l'autre reste libre, ajoute frère Christian : « Nous sommes appelés à faire bon visage à l'autre, même s'il a le droit de ne pas y répondre. Le visage qui se livre aujourd'hui n'est pas le tout de ce qu'il faut accueillir de l'autre. »

Les religieuses logent à l'hôtellerie et les prêtres dans des chambres attenantes aux cellules des moines, au premier étage du monastère. Christian de Chergé ne se couche pas tout de suite. Depuis les événements de Noël 1993, il dort au rez-de-chaussée, dans son bureau. « Il voulait être plus proche de nous », assure le frère Amédée. Près de l'entrée au rez-de-chaussée logent aussi frère Amédée, frère Luc et frère Jean-Pierre, qui est portier de nuit. Christian de Chergé recopie trois extraits des « Lettres des évêques d'Algérie » pour la réunion du lendemain. Il survole le livre de cheikh Bentounès, responsable de la confrérie soufie des Alawyines, que Paul vient de rapporter de France.

À 1 h 15, des bruits inquiétants réveillent le père Jean-Pierre. Il croit que des « hommes de la montagne » viennent faire soigner un blessé, comme cela s'est déjà produit. Il aperçoit par la fenêtre de la porterie frère Christian et frère Luc dans la cour avec un homme en armes. Cela est insolite. Il se met en prière. En réalité, une vingtaine d'hommes armés ont brisé la porte du logement du gardien Mohamed et lui ont intimé l'ordre d'aller chercher « sept moines ». Ces maquisards islamistes ne sont pas de la région, ils ont l'accent de l'Est algérien. Ils se sont renseignés chez un commerçant de Médéa : le monastère compte sept moines, leur a-t-on répondu.

Huit moines vivent en réalité en permanence à Tibhirine. Frère Paul est rentré la veille de France. À une amie, une ancienne de Médéa chez qui il a fait escale, il a confié : « Tout peut arriver. J'ai hâte de retrouver mes frères. » Un neuvième trappiste se trouve au monastère cette nuit-là : père Bruno, le supérieur de la petite communauté de Fès, est venu participer à l'élection du prieur qui doit avoir lieu dimanche 31 mars.

Le gardien ne peut pas faire autrement que d'aller frapper à la porte du prieur. Frère Christian demande en arabe à parler au responsable de la bande. Il veut éviter au moins que l'on emmène frère Luc, âgé de quatre-vingt-deux ans et asthmatique. Mais les ravisseurs sont pressés, ils ont ordre d'emmener sept moines, et ils ont de la route à faire avec leurs prisonniers avant le lever du jour. Ils ne sont pas prêts à discuter. La porte de frère Amédée est fermée à clé. Quelqu'un essaie de l'ouvrir, mais n'insiste pas. Frère Amédée voit par la serrure les hommes armés mettre à sac le dispensaire de frère Luc.

Les autres moines, Christophe, Célestin, Michel, Paul et Bruno, logent dans des cellules au premier étage. Une simple porte sépare leurs chambres de celles des prêtres hôtes du monastère. À 1 h 40 du matin, l'un de ces prêtres réveille son voisin, Thierry Becker : « Il se passe quelque chose d'anormal du côté des moines. » On entend des bruits de tables, de chaises, et frère Célestin qui rouspète. Le prêtre entrebâille la porte du couloir des moines. En croisant le regard du gardien, il comprend qu'il faut se retirer en silence. Un groupe armé est en train de rassembler les moines. Il n'y a rien à faire. Si cela les concerne, Christian viendra le leur dire. Thierry Becker se recouche, en pensant que son heure est venue. Le silence retombe bientôt sur le monastère. Sa porte s'ouvre. C'est frère Amédée, soulagé que les hôtes soient encore là : « Le monastère est vide. Ils ont emmené les frères ! » Dans les chambres des moines, tous les lits sont vides et défaits. Au rez-de-chaussée, Amédée frappe chez Jean-Pierre, qui leur ouvre, tout habillé, souriant. Il était en prière. Il n'a pas réalisé le départ des moines. Il n'a entendu aucun bruit de voitures. Le groupe est arrivé et reparti à pied dans la nuit avec ses otages. Dans la chambre du prieur, tout est bousculé, les fils de téléphone coupés. Mohamed, le gardien, a profité d'une seconde d'inattention des ravisseurs pour s'enfuir et se cacher au fond du jardin. Il y reste, bouleversé, jusqu'à sept heures du matin.

Comment donner l'alerte en pleine nuit ? Impossible de sortir en voiture, en raison du couvre-feu, pour prévenir la gendarmerie de Médéa. Frère Amédée et frère Jean-Pierre passent le reste de la nuit en prière. Ils sont rejoints, à 5 h 15, par les deux prêtres pour l'office de vigiles. Les hôtes sont frappés par la sérénité des moines. Ce scénario avait été envisagé. La communauté y était préparée.

Dès 7 heures, frère Jean-Pierre et Thierry Becker descendent à Médéa alerter la gendarmerie et prévenir l'archevêque d'Alger, le père Henri Teissier. À 9 heures, les gendarmes sont au monastère pour constater la disparition de frère Christian de Chergé, le prieur, frère Luc, Paul Dochier, le vieux médecin, frère Christophe Lebreton, le plus jeune des moines, frère Célestin Ringeard, qui est cardiaque, frère Michel Fleury, frère Paul Favre-Miville, rentré la veille de France, et frère Bruno Lemarchand qui était à Tibhirine de passage. Dans la matinée du 27 mars 1996, l'agence de presse Algérie presse service (APS) répand la nouvelle de l'enlèvement des sept moines de Tibhirine par un groupe islamique armé. À l'heure du déjeuner, les rescapés du monastère reçoivent un coup de téléphone de Mme de Chergé et de Claire, remplies de sollicitude pour les deux moines « oubliés » par les ravisseurs. Depuis deux ans, elles vivaient, comme les autres familles de moines, en lien très étroit avec le monastère.

Christian de Chergé avait chargé sa mère et sa sœur, en septembre 1995, de rendre visite à Paris à un jeune de la communauté de Berdine qui avait séjourné à Tibhirine, Denis, malade du sida. Toutes les deux se sont relayées auprès de lui à l'hôpital, l'adoptant comme un fils et un frère. Denis est mort en novembre 1995. Christian de Chergé avait préparé ses proches à des solidarités exigeantes !

Au matin, les hôtes du monastère retournent à Alger. Thierry Becker, ami de Christian de Chergé depuis leurs années de scoutisme, reste à Tibhirine pour aider les deux

moines dans leurs démarches officielles. À Médéa, frère
Jean-Pierre va payer quelques fournisseurs. Partout, on lui
manifeste une grande tristesse à la nouvelle de l'enlèvement.

Les hôtes du monastère ont décidé de poursuivre leur
rencontre à la maison diocésaine d'Alger : « Que nos frères
soient vivants ou déjà dans la lumière de Dieu, ils comptent
sur nous, debout et veillant avec eux. » Le « Lien de la
paix », dont Christian de Chergé a été un pilier, poursuit
son chemin.

À Tibhirine, un voisin a retrouvé le vêtement de chœur de
frère Michel, la coule blanche à capuchon et larges manches,
sur un chemin de montagne à six cents mètres du monastère.
Le 28 mars, frère Amédée et frère Jean-Pierre ferment le
monastère et se rendent à Alger. Ils sont autorisés par la
gendarmerie à monter de jour à Tibhirine.

Une longue attente commence. Le père Amédée reste à
Alger pour faire le lien avec le monastère gardé par les
voisins et le père Robert, moine ermite qui a trouvé refuge à
Tibhirine depuis la mort des Croates. Le père Jean-Pierre
s'envole pour Fès retrouver la vie monastique avec le « petit
reste » de l'Atlas : Jean de la Croix, Jean-Baptiste, Guy, venu
d'Aiguebelle en 1988, et un novice polonais, Mikaël, récemment arrivé.

En France et en Algérie, l'émotion est considérable. Des
chrétiens de différentes villes d'Algérie reçoivent la visite de
leurs voisins, consternés. « Il n'est pas permis de s'en prendre
à des hommes de Dieu, qui veulent la fraternité. » Pourtant,
le lendemain de l'enlèvement, le journal indépendant *El
Watan* laisse entendre que les moines ont collaboré avec les
« hommes de la montagne ». Mgr Teissier proteste. Les
moines ont respecté une stricte neutralité et toujours refusé la
moindre compromission avec des groupes armés. Ils se sont

comportés en moines, en hommes de prière. Frère Luc a soigné au dispensaire des blessés des deux camps qui se glissaient parmi les paysans, pourvu qu'ils soient sans armes.

Dans leur marche nocturne à la suite de leurs ravisseurs, Christian, Christophe et Michel ont certainement à l'esprit la phrase qu'ils méditent depuis un an : « Ô Dieu, tu es mon espérance sur le visage de tous les vivants. »

La montagne a absorbé les sept moines dans la nuit [1]. Les autorités semblent n'avoir aucune information sur le lieu de leur détention. On ignore si les sept frères de Tibhirine sont encore en vie. La communauté italienne Sant'Egidio a repris contact avec le vieux cheikh Hocine Slimani, imam à Médéa, proche des milieux islamistes. Il semble qu'aucun des groupes qui opèrent habituellement dans la région ne soit responsable de l'enlèvement. Le commando serait venu d'ailleurs. Les rumeurs et les démentis se succèdent jusqu'au 16 avril. Ce jour-là, le GIA revendique l'enlèvement par un fax à une radio marocaine. Le 18, les paysans de la région de Tibhirine trouvent, placardé aux murs, un message menaçant du GIA. Le 26 avril, le texte complet est publié à Londres dans le quotidien en arabe *Al Hayat*. Le communiqué 43 est signé d'Abou Abderrahmane Amine, l'émir du GIA, alias Djamel Zitouni. Le message est adressé au président français et réclame la libération d'islamistes incarcérés dans l'Hexagone en échange des moines. La première réaction de Mgr Teissier, des familles et des cisterciens est le soulagement. Les moines sont en vie. Mais le communiqué 43 contient une terrible menace : « Vous avez le choix. Si vous libérez,

1. Pour les conditions de l'enlèvement, on peut lire Mireille Duteil, *Les martyrs de Tibhirine*, Brepols, 1996 et dom Bernardo Olivera : *Jusqu'où suivre ?* Éd. du Cerf, 1996., ainsi que Robert Masson, *Tibhirine, les veilleurs de l'Atlas*, Cerf, 1997.

nous libérerons, et si vous refusez, nous égorgerons. » Par ailleurs, suit une longue analyse du Coran et des *hadiths*[2] qui justifie à l'avance le meurtre légal des moines. « Tout le monde sait que le moine qui se retire du monde pour se recueillir dans une cellule s'appelle chez les nazaréens[3], un ermite. C'est donc le meurtre de ces ermites qu'Abou Bakr al-Siddiq avait interdit. Mais si un tel moine sort de son ermitage et se mêle aux gens, son meurtre devient licite. C'est le cas de ces moines prisonniers qui ne sont pas coupés du monde. En revanche, ils vivent avec les gens et les écartent du chemin divin en les incitant à s'évangéliser. Leur grief est plus grave encore. » C'est une condamnation à mort.

L'émotion est grande en France à la lecture de cette *fatwa* qui frappe sept moines désarmés. Le 28 avril, une prière interreligieuse rassemble à Notre-Dame de Paris deux mille cinq cents personnes en présence du *mufti* de la mosquée de Paris. Mgr Lustiger allume sept cierges.

Dans toute la France, des communautés chrétiennes organisent des veillées de prière pour les moines, auxquelles s'associent souvent des musulmans. À Nantes, et dans d'autres régions, ces rencontres interreligieuses se poursuivent depuis l'enlèvement des moines.

Les ratissages de l'armée dans les maquis de Médéa ne donnent aucun résultat. Le GIA a fait parvenir à l'ambassade de France à Alger une cassette audio datée du 20 avril où l'on reconnaît la voix des sept moines. L'un après l'autre, les trappistes se présentent, d'une voix calme. « Je suis frère Christian, fils de Monique et Guy de Chergé, âgé de cinquante-neuf ans, moine au monastère de Tibhirine et

---

2. La tradition du prophète.
3. C'est ainsi que sont nommés les chrétiens dans le Coran.

prieur de la communauté. Nous sommes le samedi 20 avril à 23 heures. » En arrière-fond, on entend une radio et les voix des geôliers qui parlent en arabe. Pour confirmer la date, le prieur est sommé de détailler les informations du jour. Il le fait méthodiquement, d'une voix contrôlée, comme s'il donnait à ses frères au réfectoire un résumé de la vie du monde. « Nous venons d'entendre les informations. Il y a des pourparlers de paix à Damas entre les ministres des Affaires étrangères. Nous espérons que ces pourparlers aboutiront à quelque chose... En Algérie a eu lieu la commémoration du printemps berbère, une commémoration qui s'est effectuée normalement... » Sur le même ton, il évoque l'attentat contre des touristes au Caire et la situation en Centre-Afrique.

« Après avoir entendu ces informations, il est 23 h 15. Nous vous informons que nous sommes retenus en otages, vivants et en bonne santé, par les "moudjahidines de la Djamaât El Islamiya". » Chacun des moines récite le même texte : « Je suis Christophe Lebreton, fils de... du monastère de Tibhirine... Je suis en bonne santé. » Par le calme de leur voix, les moines adressent un message à leurs familles et à leur communauté. Frère Luc se permet d'ajouter une note d'humour. On l'entend maugréer : « Qu'est-ce que c'est que votre bidule ? » Il bute (volontairement ?) sur le titre du groupe.

En arabe, les geôliers demandent à frère Christian de reprendre la parole pour annoncer les exigences. Celui-ci le fait en cherchant ses mots, comme à contrecœur. « Nous sommes retenus en otages et il est demandé au gouvernement français de libérer un certain nombre d'otages appartenant à ce groupe en échange de notre libération. » Poussé à aller plus loin, il ajoute : « Cet échange semblerait être une condition absolue. »

À l'écoute de cet enregistrement, on peut supposer que les moines sont détenus ensemble et qu'ils ont établi des relations avec leurs geôliers. Il est probable que ceux qui parlent le mieux arabe, Luc et Christian, cherchent à dialoguer avec leurs gardiens, comme le prieur l'avait fait la nuit de Noël 1993. Ils ne maîtrisent ni l'un ni l'autre parfaitement la langue arabe. La saine robustesse de frère Luc, la brûlante conviction de frère Christian ont-elles touché les jeunes « fous de Dieu » qui les détiennent ? Cela restera un mystère, car les témoins ont peu de chance d'être encore en vie.

Chacun des moines, sauf sans doute frère Bruno qui ne vivait plus dans la communauté en Algérie, mais dans celle de l'Atlas au Maroc, avait longuement mûri depuis 1993 l'éventualité d'une mort violente.

« Jusqu'où aller trop loin pour sauver sa peau sans risquer de perdre la vie ? » s'interrogeait Paul un an plus tôt. « Martyr, c'est un mot tellement ambigu ici... S'il nous arrive quelque chose, je ne le souhaite pas, nous voulons le vivre ici, en solidarité avec tous ces Algériens et Algériennes qui ont déjà payé de leur vie, seulement solidaires de tous ces inconnus », disait simplement Michel, en mai 1994. Christophe confiait à son journal le 1er décembre 1994 : « Devant la mort, dis-moi que ma foi – Amour – tiendra bon. Soudain, je suis effrayé de croire » ; et puis, le 25 juillet 1995 : « Jésus, attire-moi en ta joie d'amour crucifié. »

Frère Luc avait adopté cette simple prière quotidienne « Seigneur, fais-moi la grâce de mourir sans haine au cœur. »

Les 5, 6 et 7 avril ; les moines ont passé la semaine pascale dans leur geôle. Un mois plus tôt, Christian de Chergé disait : « Dieu a tant aimé les Algériens qu'il leur a donné son Fils, son Église, chacun de nous. Il n'y a pas de plus grand amour que de donner sa vie pour ceux qu'on aime, instant après instant[4]. » L'heure est peut-être venue de la donner une fois pour toutes. Nul ne sait ce qu'ont vécu les moines au cours de ces deux mois de détention. Mais la retraite donnée par Christian de Chergé à Alger le 8 mars, moins d'un mois avant l'enlèvement, permet de connaître sa pensée sur la mort et la violence. Celle-ci comporte trois thèmes importants :

— Personne ne peut se dire tout à fait innocent de la violence. « "Quiconque hait son frère est un meurtrier" (1 Jean 3). Nous sommes en danger de meurtre et en danger de mort. Il faudrait que nous puissions nous demander : est-ce que j'ai extirpé de mon cœur toute forme de haine ? »

— Il envisage sa propre responsabilité à l'égard de celui qui risque de devenir meurtrier. « On entend dire que ce sont des bêtes immondes, ce ne sont pas des hommes, qu'on ne peut pas traiter avec eux. Je dis, moi : si nous parlons comme cela, il n'y aura jamais de paix. »

— Il ne souhaite pas la mort. « En fait, c'est très clair que nous ne pouvons souhaiter cette mort, non parce que nous en avons peur seulement, mais parce que nous ne pouvons pas souhaiter une gloire qui serait acquise au prix d'un meurtre [...] Tu ne commettras pas de meurtre, ce commandement tombe sur mon frère et je dois tout faire pour l'aimer assez pour le détourner de ce qu'il aurait envie de commettre... »

Christian cite le sermon sur la montagne de Jésus : « Aimez vos ennemis et priez pour ceux qui vous persécutent. » En Algérie, cela n'est plus de la théorie.

Dans leur geôle, on peut imaginer que les frères ont essayé ensemble de vivre ce commandement d'aimer.

---

4. Récollection de carême, 8 mars 1996, in l'*Invincible espérance, op. cit.*, p. 304

Que se passe-t-il ensuite ? Où sont détenus les moines ? Dans la région d'Alger ? Dans des cavernes proches de Médéa ? Sont-ils entre les mains de ceux qui les ont enlevés ou ont-ils été interceptés par d'autres groupes ? Qui contrôle ou qui manipule ces groupes ? Nul ne le sait. Le silence se fait plus opaque.

Le 23 mai 1996, la nouvelle tombe, toujours par la radio marocaine : les moines ont été exécutés après cinquante-six jours de détention. Le communiqué 44 du GIA, daté du 21 mai et signé Abou Abderrahmane Amine (Djamel Zitouni), l'affirme : « Le Président français et son ministre des Affaires étrangères ont déclaré qu'ils ne négocieraient pas avec le GIA, tranchant ainsi le fil du dialogue. Et nous avons de notre côté tranché la gorge des sept moines conformément à ce que nous avions promis de faire. C'est ce qui s'est passé ce matin. »

L'exécution des religieux français semble avoir accéléré la chute de Djamel Zitouni. Le 27 juillet 1996, le GIA annonce la mort de l'émir. La longue détention des moines laisse supposer qu'il y a eu débat parmi les islamistes sur l'issue à donner. L'émotion extraordinaire suscitée dans le monde entier par l'exécution de sept religieux pacifiques a été ruineuse pour l'image du GIA. À Bonn, le président du FIS en Europe, Rabah Kébir, condamne vigoureusement « cet acte criminel [...] absolument contraire à l'islam ».

Des deux côtés de la Méditerranée, c'est la consternation. À Médéa, où chacun connaissait les moines, la population est profondément humiliée et attristée. Le choc est encore plus considérable que lors de l'assassinat du maire de la ville. Cet attentat donne au monde entier une image révulsante de l'islam. Le sentiment dominant est la honte et l'impuissance.

Le vieux cardinal Duval, très affaibli depuis plusieurs

semaines, confie à sa nièce Louise : « La mort des moines m'a crucifié. » Le 30 mai, il s'éteint à quatre-vingt-douze ans. Il a au moins évité de connaître les conditions atroces de la mort des moines, dont seules les têtes sont retrouvées, dans la région de Médéa, le jour même de la mort du cardinal. La petite Église d'Algérie est encore une fois sévèrement éprouvée, comme d'autres groupes de la population, journalistes, intellectuels, femmes, jeunes, imams (cent cinquante ont été tués), et bientôt, indistinctement, les villageois.

« Les moines ont acquis l'identité algérienne avec leur sang », souligne dom Étienne Baudry, abbé de Bellefontaine, l'abbaye angevine d'où venaient trois des religieux.

Saïd Saadi, le secrétaire général du parti d'opposition berbère RCD, résume bien le sentiment d'une partie de la population, et certainement de tous ceux qui, à Tibhirine, ont vécu aux côtés des moines : « Parce qu'il a pris pour cible des hommes qui se vouèrent à l'entente entre les religions, l'intégrisme n'a pas seulement blessé les cœurs, il a atteint les âmes. »

Le 28 mai, au Trocadéro à Paris, dix mille personnes, Français et Algériens, sont venus manifester silencieusement à la mémoire des moines trappistes. Sur les registres, des milliers d'anonymes ont écrit des mots qui dans leur très grande majorité parlent de paix, de respect de l'autre, de vie, de fraternité, ou d'indignation devant l'horreur. Le témoignage des moines a été compris. « Pour moi, vous n'êtes pas morts », écrit un homme qui signe Ahmed.

Sous la voûte de la basilique de Notre-Dame d'Afrique, à Alger, le dimanche 2 juin, les sept cercueils des moines de Tibhirine entourent celui du vieux cardinal algérien. Toute l'Église d'Algérie est venue prier avec ses huit hommes de paix. C'est la mort de Mgr Duval, une personnalité très respectée en Algérie, qui vaut aux simples moines, amoureux de la simplicité, l'honneur d'obsèques nationales. Mais le symbole de ces morts réunies est fort : chacun sait en Algérie combien le cardinal Duval a défendu dans toutes les circonstances les droits de tous les Algériens. Au premier rang, le chef du gouvernement algérien est entouré de quatre ministres, dont M. Ahmed Marani, ministre des Affaires religieuses, qui a dénoncé l'assassinat et affirmé que les moines sont au paradis. C'est une condamnation ferme de la *fatwa* du GIA.

Les frères Jean-Pierre et Amédée, les deux derniers trappistes de Tibhirine, célèbrent la messe aux côtés du cardinal Arinze, représentant le Saint-Père, de Mgr Teissier, Mgr Duval, président de la Conférence épiscopale de France et neveu du cardinal, et avec dom Bernardo Olivera et dom Armand Veilleux, les responsables de l'ordre des cisterciens.

L'église est remplie d'une foule d'amis algériens, solidaires et impressionnés par les mots d'espérance et de pardon que prononcent, chacun à leur tour, le représentant du pape, Mgr Teissier, et dom Bernardo Olivera. Le lendemain, une femme exprime dans le journal *Liberté* le sentiment partagé par tous : « La honte caractérisait les traits de nos visages... Visages de l'ensemble des amis qui étaient venus apporter leur soutien à Mgr Teissier et aux autres, en ce moment de douleur. Comment encore une fois oser affronter le regard digne et courageux de ces hommes qui, à la minute même où on leur annonçait que les corps des sept moines étaient retrouvés, déchiquetés, n'exprimaient ni haine, ni mépris, pas même un soupçon de colère ? Comment oser affronter le regard de ces hommes qui, au moment même où ils perdaient huit des leurs, ne nous parlaient que de paix et de pardon ? »

Seule la famille de frère Christophe a pu obtenir un visa pour l'Algérie. C'est de l'abbaye de Bellefontaine que les membres des autres familles ont participé aux cérémonies. D'un commun accord, toutes avaient souhaité que les moines soient enterrés, selon leur vœu, tous ensemble à Tibhirine.

Mardi 4 juin, le petit cimetière du monastère, dans le bas du jardin, est prêt à accueillir les sept moines, sous un beau bouquet de grands ifs, à côté des tombes plus anciennes d'une dizaine de religieux. Les voisins ont désherbé, ratissé, fleuri, et creusé sept trous profonds dans la terre souple.

Le monastère, vide depuis deux mois, a été nettoyé pour recevoir les hôtes. C'est l'hommage que les villageois veulent rendre à leurs amis, les *babas,* les pères, comme on dit familièrement dans le pays. Une courte célébration dans la chapelle a réuni le tout petit cercle des proches, les responsables de l'Ordre, l'archevêque d'Alger, deux membres de la famille de Christophe, deux prêtres et les deux frères, Jean-Pierre et Amédée. Puis les cercueils sont portés par des militaires près des tombes. Intimidés par le déploiement d'officiels et de forces de l'ordre, les villageois se tiennent à l'écart. Père Jean-Pierre prononce quelques mots de remerciements et d'espérance. Mgr Teissier et Gilles Nicolas prennent à leur tour la parole en arabe. Les villageois recouvrent alors les tombes, consciencieusement. Celle du toubib devient vite un gros tumulus.

Les sept moines reposent sous la garde d'un village de l'Atlas qu'ils ont aimé à en mourir et qui le leur rend bien.

La veille de l'inhumation, d'importantes forces de sécurité avaient investi le monastère. Sur une des terrasses face à l'Atlas, au soleil couchant, un gradé s'était exclamé à voix forte :

« Si quelqu'un me parle, je deviens chrétien.

Wallah ! Si quelqu'un me parle, je deviens chrétien.

Ces hommes-là ont eu l'amour pour Dieu.

Ils ont aimé l'Algérie plus que les Algériens [5]. »

La non-violence des moines, leur amitié dans l'épreuve ont touché nombre d'Algériens. Ils ont découvert la dimension spirituelle et universelle de leur geste en lisant le Testament de Christian de Chergé, publié par *La Croix* le 29 mai, et repris le lendemain par des journaux algériens en français et en arabe. Beaucoup ont retenu la distinction faite par le prieur entre islam et islamisme. « Je sais aussi les caricatures de l'islam qu'encourage un certain islamisme. Il est trop facile de se donner bonne conscience en identifiant cette voie religieuse avec les intégrismes de ses extrémistes ».

La mort des moines, exécutés par le GIA au nom de l'islam, a suscité dans le monde musulman une très vive émotion et des questions. Pour l'immense majorité des musulmans, en Algérie et en France, cet assassinat est incompatible avec les valeurs de l'islam qui invite à la tolérance, à la miséricorde, au respect de l'autre et à l'adoration de Dieu.

Le crime est vigoureusement condamné par la Fédération nationale des musulmans de France, les musulmans de Suisse, le collectif des Jeunes musulmans de France, le Haut conseil des musulmans de France, et des personnalités musulmanes comme Soheib Bencheikh, le grand mufti de Marseille, ou le directeur du département de théologie à l'université de Damas...

Cheikh Khaled Bentounès, responsable de la confrérie des 'Alawiyines, qui était entré en dialogue avec les moines, affirme : « Ce sont des frères qui ont subi ce malheur. C'est

---

5. L'expression est forte, soulignée par le *Wallah !* « Si quelqu'un me parle » veut dire : si quelqu'un m'initie.

un mal qui frappe les plus innocents, attachés à la vie, la vérité, l'amour. Je leur avais envoyé un frère pour leur dire de se mettre à l'abri quelque temps. Christian avait répondu : "Je suis au service de Dieu, entre les mains de Dieu." Ils n'ont pas choisi la prudence. Ils ont laissé parler leur cœur. Ce qui ressort du testament de frère Christian, c'est le pardon. En parlant d'amour, on ne peut pas éviter le pardon. Avec nos frères chrétiens, dans le partage, il y a eu de très beaux moments, je souhaite que ces moments reviennent, la paix triomphera. » À Alger, Mgr Teissier reçoit un abondant courrier d'Algériens croyants offensés par ce meurtre et solidaires des chrétiens d'Algérie.

Les rédacteurs du communiqué 43 qui ont pris soin d'appuyer leur condamnation sur des arguments juridiques sont-ils isolés dans leur interprétation violente du *djihad* et leur doctrine de mort ? Un petit opuscule publié au Liban par un intellectuel musulman belge reprend à froid, en 1997, les arguments des islamistes qui ont exécuté les moines et les trouve très acceptables sur le plan juridique. Il ne s'interroge pas sur la validité morale du jugement. Comme les auteurs du communiqué 43, il se réfère à Ibn Taymiyya, un auteur du XIIIᵉ siècle hostile à toute adaptation de l'islam et pour qui les moines sont des « imams de la mécréance » qu'il faut éliminer. En Algérie, Ibn Taymiyya est une référence pour beaucoup d'islamistes extrémistes. La population de l'Algérie est aujourd'hui la première victime de cet islam idéologique transformé en instrument de mort. Après les exécutions d'intellectuels, d'étrangers, de chrétiens, de femmes, la folie meurtrière s'abat en 1997 indistinctement sur des villageois.

En France et en Algérie, des musulmans de plus en plus nombreux sont amenés à se situer dans cette crise intérieure à l'islam et à interroger leur religion. Certains le font en référence à un nécessaire pluralisme religieux. Le 1er août 1996, Pierre Claverie, l'évêque d'Oran, est à son tour assassiné. Une foule d'Algériens se presse aux obsèques de cet apôtre exigeant du pluralisme et du respect des droits de tous en Algérie. En janvier 1996, Pierre Claverie avait exprimé avec force cette conviction : « On ne possède pas Dieu. On ne possède pas la vérité, et j'ai besoin de la vérité des autres. C'est l'expérience que je fais aujourd'hui avec des milliers d'Algériens dans le partage d'une existence et des questions que nous nous posons tous. »

Exprimant l'aspiration de nombre d'Algériens pour une société ouverte, une musulmane d'Oran assure que « la présence de l'Église est plus que jamais vitale pour notre pays, pour assurer la pérennité d'une Algérie plurielle, pluriethnique, ouverte sur le prochain, foncièrement tolérante et solidaire [6] ».

Le message fraternel de Christian et de ses frères moines a trouvé un écho chez de nombreux musulmans :

« Adieu, frère Christian ! écrit l'un d'eux. Tu as choisi de rester tout en étant conscient des risques que tu encourais, toi et tes frères. Il fallait être fou pour rester dans ce monastère, juché en plein maquis des assassins. As-tu jamais eu peur ? Je ne puis le penser ! Tu étais courageux, mon frère ! Comment as-tu regardé tes assassins ? Avec le regard et la pensée de celui qui sait pourquoi il meurt. Que faisais-tu là-haut dans ces montagnes ? [...] Vieux brigand de Dieu, tu chassais les pauvres, tu les kidnappais pour leur donner à manger, pour écouter leurs plaintes, ô mon frère le brigand ! Partagé entre ta cellule et les travaux domestiques, tu mangeais du pain dur qui rend le cœur doux, ô vieux brigand

---

6. *La Croix*, 16 janvier 1998.

qui avais choisi la robe de bure et le martyre. Quoi te dire de plus, ô mon frère ?[...]

Demain, *incha Allah* ! Ils partageront avec nous la joie ! "Ceux qui sèment dans les larmes, moissonnent dans l'allégresse[7]."

Christian de Chergé, moine chrétien, s'est mis à l'écoute de l'islam populaire et de la tradition mystique musulmane, loin des débats des théologiens et des politiques. Il y puise pour enrichir sa vie spirituelle.

Il aime profondément les musulmans, au point d'intérioriser leur culture, dans sa dimension spirituelle. Son attitude est celle de l'humilité. Il ne vient pas à l'autre en supérieur, mais en mendiant de communion. Il connaît les ambiguïtés de l'histoire. La vue de l'injustice faite aux musulmans dans la période coloniale lui a dicté de retourner en Algérie dans la situation d'hôte, de minoritaire, de dépendance, la seule attitude qui permette vraiment de découvrir l'autre... Il souffre des fractures Orient-Occident, Nord-Sud, riches-pauvres, du racisme à l'égard des immigrés musulmans en France, de la guerre du Liban et de la guerre du Golfe. Son expérience s'apparente à celle de Louis Massignon, disant cinquante ans plus tôt : « J'entends une sommation de justice surhumaine qui monte des croyants musulmans désavantagés, colonisés, méprisés ; elle a réveillé en moi, depuis quarante ans, le chrétien[8]. »

Alors que l'intégrisme meurtier des extrémistes donne une image très abîmée de l'islam, le prieur de Tibhirine continue de témoigner de la grandeur spirituelle de cette voie reli-

---

7. Cité par Pierre Claverie, in *La vie spirituelle*, Cerf, 1996, p. 835.
8. « Du signe marial » in *Rythmes du monde*, cité par Amira El Zein, au colloque Massignon de Chicago, 2-5 octobre 1997.

gieuse, en se projetant, en mystique, au-delà des conflits de l'histoire. Mais il assume aussi les événements car, pour le chrétien, Dieu n'est pas étranger à l'histoire des hommes. Il en accepte les risques. C'est ce qui donne force à son témoignage. « Je ne crois que les témoins qui se font égorger », disait Pascal.

Aux chrétiens et aux musulmans, Christian de Chergé propose aujourd'hui une émulation spirituelle et un projet commun de société :

« Chrétiens et musulmans, nous avons un besoin urgent d'entrer dans la miséricorde mutuelle. Une "parole commune" qui nous vient de Dieu nous y invite. C'est bien la richesse de sa miséricorde qui se manifeste lorsque nous entrons modestement dans le besoin de ce que la foi de l'autre nous en dit et, mieux encore, de ce qu'il en vit. Cet exode vers l'autre ne saurait nous détourner de la Terre promise, s'il est bien vrai que nos chemins convergent quand une même soif nous attire au même puits. Pouvons-nous nous abreuver mutuellement ? C'est au goût de l'eau qu'on en juge. La véritable eau vive est celle que nul ne peut faire jaillir, ni contenir. Le monde serait moins désert si nous pouvions nous reconnaître une vocation commune, celle de multiplier au passage les fontaines de miséricorde [9]. »

---

9. « Venons-en à une parole commune », in *L'invincible espérance, op. cit.*, p. 73.

TIBHIRINE, SIGNE SUR LA MONTAGNE *

En quittant le petit cimetière de Tibhirine, le 1er juin 1996, dom Bernardo, l'abbé général des cisterciens, s'était promis de ne pas laisser le monastère à l'abandon et de donner un avenir aux liens tissés en Algérie entre chrétiens et musulmans. Le père Amédée, l'un des deux moines survivants, remarque dans un sourire : « Dieu a voulu que deux d'entre nous soient épargnés pour que Notre-Dame-de-l'Atlas continue à vivre. » Depuis deux ans, Amédée vit à Alger et se rend régulièrement à Tibhirine. Le monastère est soigneusement entretenu par les villageois et le père Robert, un prêtre ermite. Ils attendent le retour de moines. La communauté de Notre-Dame-de-l'Atlas à Fès au Maroc, qui compte cinq cisterciens, a élu prieur le père Jean-Pierre, le deuxième survivant de Tibhirine, en remplacement du père Bruno, l'un des sept moines martyrs. Les deux communautés sont liées par un même projet : être des « priants au milieu d'autres priants ». Pour l'Église d'Algérie, le retour de moines est vital : « Notre Église attend les frères que Dieu lui enverra, dit Mgr Teissier. Elle a besoin de ce lieu spirituel où rayon-

---

* « *Signum in montibus* » (Isaïe 18,3), « signe sur la montagne », est la devise du monastère.

nent toutes les richesses de la vie monastique. À Tibhirine, nous étions nourris dans notre vocation spécifique, celle d'être Église d'un pays musulman, accueillante aux valeurs de sa tradition spirituelle, posant les gestes de la solidarité et du respect dans nos relations quotidiennes avec des hommes et des femmes d'une autre communauté religieuse. Beaucoup d'Algériens qui ont vu, comme nous, dans le testament de Christian et le sacrifice de nos frères un signe de Dieu attendent ce signe de confiance et d'espérance. »

Trois moines cisterciens, venus de communautés d'Europe ou d'Afrique, sont prêts à rejoindre frère Amédée à Tibhirine dès que la situation le permettra : le père Ventura (43 ans), le père Julien (47 ans) et frère Louis (74 ans). Le père Ventura, du monastère espagnol Santa Maria de las Escalionas, avait rencontré Christian de Chergé au chapitre général de Poyo en 1993. La simplicité, la force des convictions évangéliques et le style à la fois intellectuel et très pratique du prieur de Tibhirine l'avaient impressionné. À la mort des moines, le père Ventura fut le premier candidat pour Tibhirine.

« De Christian de Chergé, dit-il, je retiens trois images :

— L'homme de prière. Le dernier jour du chapitre général, nous nous étions rendus ensemble à Saint-Jacques-de-Compostelle. De 10 heures du matin à 14 heures 15 l'après-midi, il est resté immobile sur un banc de la cathédrale, tandis que je n'arrêtais pas de tourner en attendant qu'il termine sa prière. Je l'ai finalement interrompu et nous sommes allés déjeuner.

— L'homme d'Église, qui souffrait de la préoccupation excessive du Vatican pour les questions théologiques et morales. L'Église ne lui semblait pas assez évangélique dans sa pratique du pouvoir et de la richesse. Il m'avait parlé alors de sa rencontre avec l'évêque brésilien Mgr Fragoso, en 1977, qui lui avait fait prendre "une deuxième option pour la pauvreté", la première étant peut-être son entrée à la trappe en 1969.

– L'homme du dialogue avec l'islam. Il a été prophétique et incompris par beaucoup. Il a été le pionnier et l'animateur du dialogue interreligieux auquel notre ordre est appelé. »

Dom André Barbeau, un Canadien élu abbé d'Aiguebelle le 6 août 1997, est responsable – père Immédiat, en langage cistercien – des deux communautés de l'Atlas, au Maroc et en Algérie. Il constate que le témoignage de Tibhirine suscite, partout dans le monde, un réveil des consciences. Il rejoint une profonde attente spirituelle à l'aube d'un XXIᵉ siècle qui s'annonce marqué par les exclusions, les inégalités et les extrémismes religieux.

« On peut écraser sept fleurs, on ne peut pas empêcher le printemps de refleurir », écrivait un témoin anonyme sur les registres de la manifestation du Trocadéro.

Il aurait été possible de citer encore bien des témoignages et des anecdotes transmis par ceux qui ont connu le prieur de Tibhirine, membres de sa famille et amis. Tous ont dit la délicatesse de son amitié. Ils gardent précieusement les petits mots envoyés à l'occasion des fêtes ou des anniversaires. Aucun n'était oublié, en particulier ses dix neveux et nièces. En Algérie, Christian avait acquis l'habitude, très vivante parmi les plus pauvres, de faire des cadeaux : pot de miel, sachet de lavande de Tibhirine, fruits du jardin, ou timbres pour le neveu collectionneur. Si frère Luc se plaisait à régaler ses frères avec des frites, frère Christian avait appris à confectionner des tartes pour les hôtes !

Il cultivait une forme d'humour spirituel. Il aimait donner aux mots une saveur nouvelle, en les décomposant pour les redécouvrir. C'est ainsi qu'il saluait son ami de *tout jour*, s'efforçait d'être *bien veillant*, et se disait *à-vide* de prière. Pour vaincre la peur, il cultivait l'humour, « ce petit mot précieux qui commence comme humilité et se termine comme amour ».

À la Toussaint 1976, confie sœur Margaret, Christian lui avait dit : « Nous et les saints, nous sommes de la même race. Mais eux sont les chats nobles, et nous les chats de gouttière... » Le chat de gouttière est devenu martyr de la charité !

Algériens ou Français, habitants des villes, des campagnes ou du désert, familles, moines, laïcs, prêtres et religieuses, intellectuels ou paysans, nombreux sont ceux qui se comptent parmi les amis de Christian de Chergé. « Amis d'hier et d'aujourd'hui, amis d'ici [...] et amis de la dernière minute [...]. »

Il compte désormais beaucoup d'amis qui ne l'ont pas personnellement connu, mais qui se sont reconnus ses « frères en humanité ». Un journaliste algérien qui vit en France, Abdelkader Ferchiche, est de ceux-là. Il publie un livre courageux, *L'innocence fertile*, un hommage à tous ceux qui ont donné leur vie pour une Algérie fraternelle, en particulier des religieux musulmans et chrétiens. Les amis de Christian de Chergé n'ont pas tous été rencontrés par l'auteur. Tous ceux qui l'ont été ne sont pas cités dans ces pages, par discrétion, mais chacun a apporté sa touche au portrait d'un homme brûlé au feu de l'amour. L'un ou l'autre ont dit : « Les traces de son témoignage dans ma vie sont indicibles. » « Je sens bien que je ne suis plus le même. » Avant de conclure, je tiens à remercier spécialement Bruno Chenu et Jean-Marie Gaudeul pour leur disponibilité et la compétence qu'ils ont mise au service de cet ouvrage. Je remercie aussi la

famille de Christian et ses amis qui m'ont confié sa correspondance ; sans eux cet ouvrage n'aurait pu voir le jour.

« C'était un homme. Tout simplement, dit Claude Rault,
qui a vécu à ses côtés l'aventure du "Lien de la paix" [...].

Un homme curieux [...].

Un homme sincère [...].

Chez lui, l'amour de la violence ne pouvait être vaincu
que par la violence de l'amour. [...] Et maintenant ? [...]

Si son Testament n'est qu'une belle page émouvante, il
n'est plus que cendre. S'il réveille en nous le goût de vivre
autrement, alors il devient appel aux vivants [...].

Allons-nous relever nous aussi, sur nos chemins
d'hommes et de femmes, le défi de l'amour sincère et
désarmé ? [...]

Que chacun de nous dise maintenant ce qu'il en pense [2]. »

---

2. Témoignage de Claude Rault, *La Croix*, 21 mai 1997.

TABLE DES MATIÈRES

EXTRAITS DU CATALOGUE

Spiritualités vivantes

Espaces libres

Albin Michel Spiritualités / grand format

Quand le pape demande pardon, Luigi Accattoli.
Le Moine et la Psychanalyste, Marie Balmary.
La Résistance spirituelle 1941-1944. Les cahiers clandestins du Témoignage chrétien, Textes présentés par François et Renée Bédarida.
Le Bon Pape Jean. Jean XXIII, la biographie, Mario Benigni et Goffredo Zanchi.
Les Chrétiens de l'Inde, Catherine Clémentin-Ohja.
Matteo Ricci, le sage venu de l'Occident, Vincent Cronin.
Chrétiens en Terre sainte, Catherine Dupeyron.
La Vie de saint François d'Assise, Omer Englebert.
Profession théologien. Quelle pensée chrétienne pour le XXIᵉ siècle ?, Claude Geffré.
Comment je suis redevenu chrétien, Jean-Claude Guillebaud.
Mar Moussa. Un monastère, un homme, un désert, Guyonne de Montjou.
Éloge du simple. Le moine comme archétype universel, Raimon Panikkar.
Une vie dans le refus de la violence, Alain Richard.
Voyage en Galilée, d'Émile Shoufani. Photographies Hanan Isachar.
Le Grand Rêve de Charles de Foucauld et Louis Massignon, Jean-François Six.
Alliance de Feu. Une lecture chrétienne du texte hébreu de la Genèse, tome I, Annick de Souzenelle.
Alliance de Feu. Une lecture chrétienne du texte hébreu de la Genèse, tome II, Annick de Souzenelle.
Les Deux Visages de Dieu. Une lecture agnostique du Credo, Michel Théron.
Il n'y a pas d'avenir sans pardon, Desmond Tutu.
Le Juif Jésus et le Shabbat, Marie Vidal.

Composition Nord Compo
Impression CPI Bussière, octobre 2010
à Saint-Amand-Montrond (Cher)
Editions Albin Michel
22, rue Huyghens, 75014 Paris
www.albin-michel.fr
ISBN : 978-2-226-21567-3
ISSN : 0755-1835
N° d'édition : 19549/01. – N° d'impression : 103000/1.
Dépôt légal : novembre 2010.
Imprimé en France.